INTRODUÇÃO À
TEORIA DO SISTEMA AUTOPOIÉTICO
DO DIREITO

Conselho Editorial
André Luís Callegari
Carlos Alberto Alvaro de Oliveira
Carlos Alberto Molinaro
Daniel Francisco Mitidiero
Darci Guimarães Ribeiro
Elaine Harzheim Macedo
Eugênio Facchini Neto
Draiton Gonzaga de Souza
Giovani Agostini Saavedra
Ingo Wolfgang Sarlet
Jose Luis Bolzan de Morais
José Maria Rosa Tesheiner
Leandro Paulsen
Lenio Luiz Streck
Paulo Antônio Caliendo Velloso da Silveira

R672i   Rocha, Leonel Severo
       Introdução à teoria do sistema autopoiético do Direito/
Leonel Severo Rocha, Germano Schwartz, Jean Clam. –
2.ed., rev. e ampl. Livraria do Advogado Editora, 2013.
      139 p.; 23 cm.
      ISBN 978-85-7348-860-9

      1. Direito. 2. Teoria do Direito. 3. Autopoiese. I. Schwartz,
Germano. II. Clam, Jean. III. Título.

CDU - 340.12

Índice para catálogo sistemático:
Direito
Teoria do Direito
Autopoiese

(Bibliotecária responsável: Sabrina Leal Araujo, CRB-10/1507)

Leonel Severo Rocha
Germano Schwartz
Jean Clam

INTRODUÇÃO À TEORIA DO SISTEMA AUTOPOIÉTICO DO DIREITO

2ª EDIÇÃO
revista e ampliada

livraria
DO ADVOGADO
editora

Porto Alegre, 2013

©
Leonel Severo Rocha
Germano Schwartz
Jean Clam
2013

Capa, projeto gráfico e diagramação
Livraria do Advogado Editora

Revisão
Rosane Marques Borba

Direitos desta edição reservados por
Livraria do Advogado Editora Ltda.
Rua Riachuelo, 1300
90010-273 Porto Alegre RS
Fone/fax: 0800-51-7522
editora@livrariadoadvogado.com.br
www.doadvogado.com.br

Impresso no Brasil / Printed in Brazil

Nota à segunda edição

Quando a primeira edição do "Introdução..." foi escrita, tínhamos um propósito: procurar fazer conhecer, ao maior público possível, a teoria dos sistemas autopoiéticos de Luhmann quando aplicada ao Direito. Sentíamos, à época, que algumas visões divergentes do pensamento original do autor alemão conseguiam grande repercussão sem estarem ligadas, fielmente, ao seu sentido principal.

Nessa esteira, os autores uniram forças e propuseram a primeira edição desta obra com um propósito ao mesmo tempo singelo e ambicioso. Explicar, de uma maneira acessível, os conceitos principais da teoria que utilizamos em nossas produções científicas, afastando interpretações que passavam ao largo daquelas assentadas na superteoria luhmanniana.

Superado algum tempo do lançamento da primeira versão, restamos bastante felizes em constatar que ela está esgotada, sinal de que a teoria de Luhmann possui um número consideravelmente amplo de interessados no Brasil e de que nossos objetivos foram alcançados. A satisfação, portanto, é dupla. O texto se mostrou acessível, e o público-alvo teve, mesmo que introdutoriamente, contato com um dos maiores sociólogos do Direito no século passado.

Na segunda edição, tratamos de aparar algumas arestas deixadas pelo primeiro volume. Dessa forma, o texto de Jean Clam teve acréscimos e uma nova tradução. Agradecimentos, nesse ponto, ao mestrando Gustavo Olsson, da Unisinos, pelo excelente trabalho realizado. O mesmo ocorreu no capítulo de Leonel Severo Rocha. Mais: a lista das principais obras de Niklas Luhmann foi atualizada por Germano Schwartz.

Esperamos que os leitores tenham a mesma satisfação que tivemos ao elaborar tanto a primeira quanto a segunda edições do "Introdução à Teoria do Sistema Autopoiético do Direito", e que, com isso, mergulhem no universo luhmanniano, tornando-se mais um observador da observação.

Verão brasileiro de 2013.

Leonel Severo Rocha
Germano Schwartz
Jean Clam

Sumário

Introdução 9

1. Da epistemologia jurídica normativista ao construtivismo sistêmico II
LEONEL SEVERO ROCHA 11

1.1. Teoria do Direito e forma de sociedade 11

1.2. O Direito Positivo 13

1.3. Normativismo analítico 15

1.4. Hermenêutica Jurídica 21

1.5. Sociologia e Teoria dos Sistemas 26

1.6. A Pragmática-Sistêmica 27

1.7. A Pragmática-Sistêmica em Luhmann 29

1.8. Comunicação, risco e perigo: sistema fechado e aberto 34

1.9. Paradoxo e Autopoiese 36

1.10. Forma de sociedade transnacionalizada: novos direitos? 41

2. A fase pré-autopoiética do sistemismo luhmanniano
GERMANO SCHWARTZ 45

2.1. As raízes sociológico-jurídicas 46

2.2. A influência de Parsons: o estrutural funcionalismo 50

2.3. O funcional estruturalismo de Luhmann 55

2.4. O sistema social 59

    2.4.1. A complexidade e a contingência 60

    2.4.2. A comunicação 62

    2.4.3. Os limites 64

2.5. O Direito como sistema funcionalmente diferenciado 66

    2.5.1. O código e a função 66

    2.5.2. A diferenciação funcional do Direito 67

3. A Autopoiese no Direito
JEAN CLAM 77

3.1. Preliminar 77

3.2. A exaltação da autopoiese na obra de Luhmann 79

3.3. O paradigma autopoiético 89

3.4. O Direito autopoiético...98
    3.4.1. Suas referências...98
    3.4.2. Sua clausura...102
    3.4.3. Sua legitimidade..105
    3.4.4. Sua reflexão dogmática e teórica................................108
    3.4.5. Seu paradoxo...112
    3.4.6. Seu "centro" judiciário...115
    3.4.7. Seu fim imprevisto...120
3.5. Reconsideração teórica: das normas às formas.....................122

4. Conclusão: Niklas Luhmann (1927-1998)
JEAN CLAM...129

Principais livros de Niklas Luhmann
JEAN CLAM e GERMANO SCHWARTZ..135

Introdução

Este é um livro, um projeto, ou, quase um manifesto. O interesse por uma maior divulgação da teoria dos sistemas jurídicos autopoiéticos motivou a elaboração deste, propositadamente, pequeno e conciso texto, acerca da teoria autopoiética luhmanniana relacionada ao Direito.

Nesse sentido, verificamos a urgência em se retomarem alguns pontos que nos parecem extremamente importantes e, na maioria das vezes, compreendidos/observados de forma excessivamente divergente daquela pretendida por Luhmann. Dessa forma, o livro, escrito por um conjunto de três autores, propõe-se, propedeuticamente, a introduzir o leitor à teorética jurídico-luhmanniana. Com isso, pretendemos conectar o leitor não somente ao texto, mas também ao projeto.

Mas, de que projeto falamos? De uma (re)construção da teoria (socio)jurídica a partir dos postulados sistêmicos. A obra tem por objetivo divulgar as pesquisas elaboradas no Brasil por um grupo de professores e de pesquisadores que estão utilizando a matriz pragmático-sistêmica de Direito na busca de uma nova compreensão do fenômeno normativo-social como Direito Reflexivo. Nesse sentido, o presente livro representa o início de uma série de publicações que estão, neste exato momento, sendo buriladas e/ou traduzidas pelo grupo citado, justamente com o intento de divulgação de suas ideias e do pensamento de seus expoentes no mundo inteiro, os quais, desde já, convidamos a integrarem-se a essa ambiciosa jornada. Tal projeto conta, também, com a participação de um dos grandes nomes da teoria sistêmica do Velho Continente: o professor Jean Clam, membro do Conselho Científico da Revista

Soziale Systeme, de Bielefeld/Alemanha. Enfim, o texto é conciso. Trata-se, entretanto, de uma opção dos autores, cujo intuito é facilitar a leitura e divulgação da nova obra.

Leonel Severo Rocha
Germano Schwartz
Jean Clam

1. Da epistemologia jurídica normativista ao construtivismo sistêmico II

LEONEL SEVERO ROCHA

1.1. Teoria do Direito e forma de sociedade[1]

O objetivo deste texto é relatar resumidamente o estatuto epistemológico da teoria jurídica neste início do século XXI. Para tanto, pretende-se apontar os limites e possibilidades da manutenção das matrizes teóricas, analíticas e hermenêuticas, dominantes no Direito, perante as inúmeras transformações que a globalização vem provocando, com o intuito de introduzir, para a reflexão jurídica, as vantagens da utilização de uma matriz teórica pragmático-sistêmica.

Do ponto de vista metodológico, efetuaremos a nossa abordagem, neste texto, conciliando, inicialmente, a categoria forma de sociedade,[2] de Claude Lefort, com a teoria dos sistemas sociais, de Niklas Luhmann (esta última sendo efetivamente o nosso eixo temático). Para facilitar a exposição, entendemos que o Direito e o *político* estão relacionados com a forma de sociedade em que vivemos, com a sua *mise en sens e mise en scène*, com os princípios geradores que permitem a autocriação histórica de uma sociedade. A política, como organização, concretiza-se no Estado, interagindo com o

---

[1] O presente texto constitui-se em uma versão revisada e ampliada.

[2] A noção de Forma de Sociedade é trabalhada por Claude Lefort. In: *Essais Sur Le Politique.* Paris: Seuil, 1988; esta temática é também exaustivamente analisada em nosso texto intitulado: "Direito, Cultura Política e Sociedade", publicado no *Anuário do Programa de Pós-graduação em Direito da Unisinos*, n. II, São Leopoldo: Unisinos, 2000.

governo, partidos políticos, grupos de pressão e sindicatos. Para Luhmann, o Direito na sociedade moderna configura-se com a diferenciação funcional, que seria a Forma da sociedade construída na Europa ocidental, do ponto de vista de Lefort. Da mesma maneira, Luhmann afirma que o sistema jurídico é também um sistema que pertence à sociedade e a realiza".[3]

Do ponto de vista pragmático-sistêmico, que pretendemos enfatizar aqui, existem três dimensões do sentido (social, objetiva e temporal). Uma extremamente importante é a dimensão temporal, uma vez que o tempo permitiria a tomada de decisões inovadoras, fora das estruturas sociais imobilizadoras. As decisões jurídicas têm uma estrutura temporal específica: *a dogmática jurídica* – a dogmática procura estabelecer *a priori* as respostas aos problemas, elaborando assim um controle das decisões e, consequentemente, do tempo.

Deste modo, procuraremos efetuar a nossa abordagem a partir de um ponto de vista crítico (perguntas), voltado à análise das relações entre a política, o tempo e o Direito. O pano de fundo são as relações entre o saber jurídico e a forma de sociedade (o político), num primeiro momento, com a denominada modernidade e, num segundo momento, com a sua crise: a pós-modernidade.

A forma da sociedade moderna, o político, instituiu-se de maneira mais específica a partir das grandes revoluções políticas, econômicas e filosóficas que se consolidaram no final do século XVIII: a Revolução francesa, a Revolução americana (independência dos EUA), a Revolução industrial e a Revolução filosófica do Iluminismo. A grande consequência desta nova forma de sociedade, que muitos denominam de modernidade, foi a destruição do imaginário político medieval: organizado a partir de uma forma de sociedade estratificada, onde os lugares do poder já estariam predeterminados, a partir de um centro transcendente.[4]

Na sociedade medieval, o tempo, dentro da perspectiva que estamos propondo, seria atemporal. Isso, porque não havia possibilidade de produção de novos simbolismos sociais. Nessa ótica, o modelo jurídico dominante na Europa não poderia deixar de ser o *jusnaturalismo*: concepção jurídica que postula a *existência de valores*

---

[3] LUHMANN, Niklas. *El Derecho de la Sociedad*. México: Herder, 2002. p. 37.

[4] Ver: ROCHA, Leonel Severo. Direito. "Cultura Política e Sociedade". In: ROCHA, Leonel Severo; STRECK, Lenio. *Anuário do Programa de Pós-graduação em Direito da Unisinos*. n. II, São Leopoldo: Unisinos, 2000.

absolutos e verdades "a priori", portanto, estáticas e fora do tempo. Desta maneira, a modernidade, ao romper com a forma política medieval e com o jusnaturalismo transcendente, enfrenta pela primeira vez a problemática do controle das decisões. Em outras palavras: as relações *entre tempo e Direito*. A forma característica da sociedade moderna é a diferenciação: separam-se indissoluvelmente as esferas do poder, do saber, da lei, da religião, do prazer, implicando a necessidade da legitimação constante de suas áreas de atuação.

Neste tipo de sociedade existe uma grande indeterminação, tudo está em aberto, a discutir. Daí, surge o problema da legitimidade, do reconhecimento social, das decisões políticas (vinculantes) tomadas. Também aparece a questão da ideologia, necessidade de negar a irreversibilidade das indeterminações geradas pela pluralidade de imaginários sociais possíveis. A razão, a racionalidade, se mostra como a postura metodológica a ser empregada para a conjuração dos riscos da indeterminação; originando as propostas, para se citar as mais conhecidas, como a de Kant, de criar uma nova razão transcendental, a partir das categorias de tempo e espaço; ou a de Hegel, de uma nova dialética histórica centrada na figura do Estado. O Estado seria a manifestação real da racionalidade na história. Neste momento, não se pode deixar de lembrar a lucidez de Marx, ao denunciar o afastamento destas posturas da realidade histórica efetiva: as relações de dominação engendradas pelo modo de produção capitalista.

1.2. O Direito Positivo

Na sociedade moderna, diferenciada, não se pode mais pensar em critérios de verdade necessária ou impossível; mas somente possível. A forma de sociedade moderna tem de enfrentar assim a complexidade produzida pela possibilidade de se tomar decisões sempre diferentes. Nesta linha de ideias, na modernidade não é mais factível se manter a concepção medieval dominante de Direito, o Direito natural: eterno, imutável, indiferente às transformações sociais. O Direito moderno, ao contrário, para sobreviver na sociedade indeterminada, será um Direito positivo; um Direito diferenciado e construído por decisões.

Assim, o Direito positivo *é o Direito colocado por força de uma decisão política vinculante* (Luhmann). O Direito positivo é uma "metadecisão" que visa a controlar as outras decisões, tornando-as obrigatórias. Para tanto, elabora-se uma sistema jurídico normativista e hierarquizado. E a teoria jurídica normativista, que ainda é a base da racionalidade do Direito, deriva de um contexto histórico bem preciso, originando-se na forma de sociedade que chamamos de modernidade. Assim, o significado mais lapidar que se pode dar à expressão "modernidade" seria aquele de um período, de uma fase, em que há uma grande crença na ideia de racionalidade, a qual, no Direito, para simplificar, estaria ligada a uma forte noção de Estado. Nessa ótica, a teoria jurídica da modernidade é uma teoria ligada à noção de Estado, que permitiu posteriormente o desenvolvimento de uma dinâmica metalinguística que se denomina normativismo.

Em suma, tem-se hoje em plena forma de sociedade globalizada, ainda, uma teoria jurídica originária da modernidade presa à noção de Estado e de norma jurídica. O principal autor que melhor representa toda essa concepção juridicista é Hans Kelsen.[5] É, assim, uma teoria datada que tem como pressuposto teórico, epistemológico, o normativismo, que vai, como se sabe, se difundir por todo o ocidente como a matriz teórica representante do Direito da modernidade.

Dessa maneira, quando se ingressa nesta nova forma de sociedade, que também se poderia denominar de transnacionalizada, ou pós-moderna, o problema é o fato de que qualquer perspectiva mais racionalista ligada ao normativismo e ao Estado se torna extremamente limitada. Não se pode assim continuar mantendo ingenuamente uma noção de racionalidade jurídica vinculada ao ideal kelseniano.[6]

Nesta linha de raciocínio, entende-se a necessidade de criticar--se a epistemologia do neopositivismo analítico, da linguagem da denotação pura, introduzindo-se uma epistemologia construtivista que privilegie a temática da pluralidade social, da complexidade, dos paradoxos e dos riscos, e mostre algumas das consequências que estas perspectivas estão provocando na teoria do Direito.

Desta maneira, observa-se uma crise do Direito da modernidade. Saliente-se, porém, que a maioria das observações sobre a existência de uma crise do Direito é extremamente conhecida, e, portanto, não se pretende aqui recordá-las, mas caminhar por per-

---

[5] KELSEN, Hans. *Teoria Pura do Direito*. Trad. João Batista Machado. Coimbra: Armênio Amado Editor Sucessor, 1976.

[6] KELSEN, Hans. *Teoria Geral do Direito e do Estado*. São Paulo: Martins Fontes, 1990.

cursos que avancem além das já tradicionais percepções de que o Direito, pelos motivos já salientados, começa a ficar defasado em relação a uma série de questões importantes da sociedade, em relação a problemas políticos decisivos e, principalmente, daquilo que chamamos de *novos Direitos*.

Inserindo-se neste modo de observação, a crise do Direito não é somente uma deficiência de sua estrutura tradicional, mas uma crise da integração de seus pressupostos dogmáticos para funcionarem dentro da globalização. Dessa maneira, é preciso se colocar de forma mais clara a grande questão, e que é uma das consequências da crítica que tem sido feita ao Direito da modernidade: a necessidade de se relacionar o Direito com a política e a sociedade – e essa questão não é nada simples. Não basta apenas dizer-se que é preciso pensar-se o Direito juntamente com a política e a sociedade, quanto a isso, há um certo consenso. O problema está em dar-se um efetivo sentido pragmático a essa assertiva.

A crítica jurídica pode ser dividida genericamente em duas etapas: a primeira refere-se ao momento da crítica do normativismo; já a segunda, mais elaborada, propõe uma nova hermenêutica para se pensar o Direito. E o que é essa nova hermenêutica? Trata-se de uma hermenêutica que surge quando se percebem as insuficiências da noção de norma jurídica e se começa a entendê-la como algo que não é completo, um conceito que é limitado, que deve ser complementado pela interpretação das estruturas latentes da sociedade.

1.3. Normativismo analítico

A filosofia analítica[7] (teoria geral do Direito) possui um vasto leque de aplicações. Para Jonathan Turner, a analítica propõe a utilização de esquemas proposicionais que giram em torno de assertivas que ligam variáveis entre si. Esses esquemas podem ser agrupados em três tipos gerais: axiomáticos, formais e empíricos.[8]

Esse projeto de construção de uma linguagem rigorosa para a ciência, no entanto, foi adaptado para o Direito, principalmente,

---

[7] Conforme nosso entendimento pode-se dividir epistemologicamente a Teoria do Direito em Três perspectivas. Sobre isso, ver: ROCHA, Leonel Severo. "Três matrizes da Teoria Jurídica". In: *Anuário do Programa de Pós-graduação em Direito da Unisinos*. n. I, São Leopoldo: Unisinos, 1999.

[8] TURNER, Jonathan H. *The Structure of Sociological Theory*. Homewood: Dorsey Press, 1986.

por Hans Kelsen[9] e por Norberto Bobbio.[10] Estes autores podem ser considerados neopositivistas, pois postulam uma ciência do Direito alicerçada em proposições normativas que descrevem sistematicamente o objeto Direito. Trata-se de uma metateoria do Direito, que, ao contrário do positivismo legalista dominante na tradição jurídica (que confunde lei e Direito), propõe uma ciência do Direito como uma metalinguagem distinta de seu objeto. Para tanto, utiliza-se igualmente a Semiótica de Pierce e a Semiologia de Saussure.

A teoria do Direito de Kelsen possui, porém, influências do neokantismo, evidentes no seu ideal de "ciência pura". Nos capítulos iniciais da Teoria Pura do Direito,[11] são mantidos pressupostos kantianos, que se mesclam com os neopositivistas, pouco a pouco (capítulo sobre "ciência do Direito"). O ideal de pureza implica separar o conhecimento jurídico, do Direito natural, da metafísica, da moral, da ideologia e da política. Por isso, Kelsen tem como uma de suas diretrizes epistemológicas basilares o dualismo kantiano: ser e dever ser, que reproduz a oposição entre juízos de realidade e juízos de valor. Kelsen, fiel à tradição relativista do neokantismo de Marburgo, optou pela construção de um sistema jurídico centrado unicamente no mundo do dever ser. Tal ênfase acarretou a superestimação dos aspectos lógicos constitutivos da teoria pura, em detrimento dos suportes fáticos do conhecimento.[12]

A dicotomia entre *sein/sollen* foi apreendida por Kant a partir de David Hume. Este último, em sua conhecida lei, afirma: "não podemos inferir um enunciado normativo de um enunciado declarativo e vice-versa". Isto é, não é uma inferência lógica aceitável, por exemplo, sustentar que caso se dê o fato "p", então "p" está permitido. "Pp" não é logicamente derivável de "p". Nem é possível concluir que se "p" é obrigatório, então efetivamente "p" é verdadeiro: a verdade de "p" não se infere na norma "Op".[13]

---

[9] KELSEN, Hans. *Teoria Pura do Direito*. Trad. João Batista Machado. Coimbra: Armênio Amado Editor Sucessor, 1976.

[10] BOBBIO, Norberto. "Ciencia del Derecho y análisis del lenguaje". In: MIGUEL, Alfonso Ruiz (org.). *Contribución a la teoría del Derecho*. Madrid: Editorial Debate, 1990.

[11] KELSEN, op. cit., nota 3.

[12] ROCHA, Leonel Severo. "A dimensão política da teoria pura do direito". In: *Revista do Instituto de Hermenêutica Jurídica*, Porto Alegre: Instituto de Hermenêutica Jurídica, ano 1, n. 4, jan./dez. de 2006.

[13] VERNENGO, Roberto. *Curso de Teoría General del Derecho*. Buenos Aires: Cooperadora de Derecho, 1976.

Kelsen, ao contrário do que pensam seus críticos apressados, por filiar-se à tradição da "teoria do conhecimento", assume como inevitável a complexidade do mundo em si. Para esse autor, a função do cientista é a construção de um objeto analítico próprio e distinto das influências da moral, da política e da ideologia. A partir dessa premissa é que Kelsen vai procurar, assim como Kant, depurar essa diversidade e elaborar uma "ciência do Direito". Na Teoria Pura, o Direito é distinto da ciência do Direito. O Direito é a linguagem objeto e a ciência do Direito a metalinguagem: dois planos linguísticos diferentes.

Esta concepção metalinguística do real, criada por Bertrand Russell para superar certos paradoxos lógicos, é utilizada por Kelsen em vários aspectos, que devem ser esclarecidos para evitar confusões. Para ilustrá-lo, pode-se comentar a relação entre a norma jurídica e a ciência. Isto ocorre em dois momentos próprios. O primeiro momento kelseniano da metalinguagem define a norma jurídica como um esquema de interpretação do mundo – um fato só é jurídico se for o conteúdo de uma norma –, isto é, como condição de significação normativa. Trata-se assim do movimento que dá ao ser o seu sentido, através da "imputação" de uma conduta que deve ser obedecida, desenvolvendo-se no nível pragmático dos signos jurídicos; portanto, com caráter prescritivo.

O segundo momento da teoria pura é quando se transforma a metalinguagem, descrita acima – a norma jurídica – em linguagem objeto da ciência do Direito, a qual, por sua vez, passa a ser a sua metalinguagem. Aqui, ao contrário do procedimento anterior, não existiria a intenção prescritiva – que dinamiza o Direito –, apenas se procura uma descrição neutra da estrutura das normas jurídicas. Em breves palavras, a norma jurídica é uma metalinguagem do ser, localiza ao nível pragmático da linguagem, que, ao emitir imperativos de conduta, não pode ser qualificada de verdadeira ou falsa; simplesmente pode ser válida ou inválida. O critério de racionalidade do sistema normativo, já que as normas não podem ser consideradas independentemente de suas interações, é dado pela hierarquia normativa (norma fundamental) na qual uma norma é válida somente se uma norma superior determina a sua integração ao sistema. A teoria jurídica dominante anterior a essa corrente neopositivista, o jusnaturalismo, via o campo normativo como somente estático, dependente da adequação a ideais metafísicos. O normativismo kelseniano acabou por introduzir a perspectiva dinâmica do Direito, explicando os processos de produção e autorreprodução das normas. Já a ciência do Direito, por sua parte, sendo uma metalinguagem das normas jurídicas, ao preocupar-se somente com a descrição do sistema normativo, situando-se ao nível semântico-sintático da estrutura linguística, poderia ser verdadeira ou falsa em relação à objetividade da descrição efetuada por meio de seus modalizadores deônticos. Neste último aspecto, Kelsen é neopositivista.

Explicando melhor: Kelsen, mais do que propriamente um neopositivista, possui uma teoria que pode também ser estudada por intermédio da analítica. De fato, foi Bobbio quem aplicou a metodologia da filosofia analítica, por meio do neopositivismo, expressamente às teses do normativismo de Kelsen. O *paradigma do rigor* seria a sua grande proposta metodológica para a ciência jurídica. O neopositivismo seria assim a metodologia a ser aplicada à teoria do Direito. Nesse sentido, a discussão introdutória à problemática jurídica deveria ser precedida de uma introdução ao neopositivismo, função reservada para a epistemologia jurídica. Para Bobbio, isto implicaria uma "teoria da reconstrução hermenêutica das regras", isto é, traduzir na linguagem normal dos juristas, a linguagem originária do legislador. A filosofia analítica teria dois campos de atuação a serem trabalhados, respectivamente, pela "teoria do sistema jurídico" e pela "teoria das regras jurídicas". A primeira trataria da estrutura interna e das relações entre as regras, tema da "dinâmica jurídica" em Kelsen e da "teoria do ordenamento" em Bobbio. A teoria das regras jurídicas (Robles) abordaria, por sua vez, a "teoria dos conceitos fundamentais" (Bobbio) e a "estática jurídica" (Kelsen).

No entanto, a analítica é uma matriz ainda bem centrada nos aspectos descritivos e estruturais do Direito. Bobbio chegaria a postular uma função promocional do Direito. De qualquer maneira, essa seria limitada politicamente à noção de Estado, gerando, também, consequências teóricas graves, devido a sua incapacidade de pensar uma complexidade social mais ampla.

A Semiótica fornece assim, por esses motivos, embora limitada no normativismo, um instrumental teórico mais consistente para a análise da interpretação jurídica, permitindo um maior desenvolvimento das posturas que pregavam a necessidade da elaboração de uma linguagem mais rigorosa para o Direito. Nesse sentido, a Semiótica auxiliou na renovação da teoria do Direito que foi iniciada pela "Teoria Pura do Direito", de Hans Kelsen,[14] o "O Conceito de Direito", de Herbert Hart,[15] e o "Realismo Jurídico", de Alf Ross,[16] para se citar as propostas mais conhecidas, que procuraram construir, sob diferentes pressupostos epistemológicos, um estatuto de cientificidade neopositivista para o Direito: uma metodologia fundada na elaboração de uma linguagem rigorosa para o Direito.

Do ponto de vista da Semiótica, em grandes linhas, o rigor linguístico, que tornaria famoso Norberto Bobbio,[17] partia da necessidade da realização de um processo de elucidação dos sentidos das palavras que culminaria com a construção de uma jurisprudência fundada na denotação pura. Para Bobbio,[18] as regras com as quais o jurista se ocupa em suas análises se expressam em proposições normativas, sendo a interpretação da lei uma abordagem da linguagem. O problema do jurista seria a construção de uma linguagem na qual ficassem estabelecidas as regras de uso das definições jurídicas. Para tanto, seriam necessárias três fases denominadas, respectivamente, por Bobbio, de purificação, integração e ordenação da linguagem jurídica. Este processo deveria solucionar, entre vários problemas, a questão das lacunas e antinomias jurídicas.[19]

Entretanto, mais tarde, com a constatação desta impossibilidade de se apontar definições objetivas, Bobbio chegaria a admitir a presença inexorável de antinomias e lacunas no Direito, e Kelsen, ainda mais reticente, aceitaria a total irracionalidade da interpretação feita pelos órgãos do Direito.[20]

O fracasso da tentativa da matriz analítica em elaborar uma linguagem pura para o Direito (desafio hoje em dia retomado pela linguagem técnica da lógica e informática jurídicas) forneceria, contudo, com alguma perplexidade, bons argumentos para a crítica jurídica dos anos setenta. Assim, alguns juristas críticos começaram a propor leituras ideológicas do discurso jurídico a partir da análise positiva das ambiguidades, vaguezas e indeterminações

---

[14] KELSEN, Hans. *Teoria Pura do Direito*. Coimbra: Armênio Amado Editor Sucessor, 1976.

[15] HART, Herbert. *O Conceito de Direito*. Lisboa: Fundação Calouste Gulbenkian, 1976.

[16] ROSS, Alf. *Sobre el Derecho y la Justicia*. Buenos Aires: EUDEBA, 1977.

[17] BOBBIO, Norberto. *Teoria dell Ordinamento Giuridico*. Torino: Giappichelli, 1960.

[18] BOBBIO, Norberto. *Il Positivismo Giuridico*. Torino: Giappichelli, 1979.

[19] Cf. BOBBIO, Norberto. *Ciencia del Derecho y Analisis del Lenguage*. In: MIGUEL, Alfonso Ruiz. *Contribución a la Teoria del Derecho de Norberto Bobbio*. Madrid: Debate, 1990.

[20] Ver capítulo VIII de: KELSEN, Hans. *Teoria Pura do Direito*. Coimbra: Armênio Amado Editor Sucessor, 1976.

que Bobbio pretendeu afastar. Exatamente a percepção dessas indeterminações permitiria desmascarar o conteúdo ideológico do Direito. No entanto, nos últimos textos da fase jurídica de Bobbio, ele chegaria a agregar à definição de Estado, como já assinalamos, aspectos promocionais (sanções positivas), os quais seriam necessários para que o Direito também exercesse uma função social.[21] Tudo isto também facilitou a entrada, na cena jurídica, da tópica argumentativa de Theodor Viehweg e de Chaim Perelman. A filosofia analítica limpou paradoxalmente o caminho para as perspectivas opostas, como, por exemplo, as defendidas pela retórica. Daí, a realização de novas releituras da argumentação de Vico e da Tópica de Aristóteles.

Por essas razões, a *filosofia analítica normativista*, baseada em critérios sintático-semânticos, conforme tinham proposto Kelsen e Bobbio, foi forçada a alterar-se para fazer frente ao surgimento de novas exigências teórico-sociais. Para tanto, a analítica, na atualidade, foi obrigada a voltar-se para a análise de critérios pragmáticos de racionalidade. Nessa linha de ideias, o critério de verdade do neopositivismo, ligado à comprovação lógica e/ou semântica, voltado à intersubjetividade universal de uma demonstração dedutiva ou à verificação empírica dos enunciados, entrou em crise.

Ainda na mesma linha, a crítica jurídica voltada principalmente a uma dialética *denuncionista* do conteúdo ideológico que estaria oculto nos vazios semânticos das palavras da lei, também eclipsou-se junto com o objeto criticado.[22] Em outras palavras, para se fazer uma crítica política efetiva do Direito não é suficiente analisar-se as lacunas e ambiguidades dos signos do Direito, uma vez que o sentido pleno do Direito independe de suas indeterminações *a priori*. O sentido do Direito é complementado pelo contexto e pelas estruturas latentes. A análise isolada das anemias significativas dos signos é completamente desprovida de interesse. Isso seria, *a contrario sensu*, admitir-se que o normativismo kelseniano era ideologicamente procedente. A Semiótica do Direito exagerou o papel da definição *a priori* dos signos para a constituição da comunicação humana. Pode-se dizer, então, que uma das respostas à crise do normativismo é uma teoria hermenêutica que coloca a importância de compreender o Direito além da norma, com uma participação

---

[21] Ver: BOBBIO, Norberto. *Da Estrutura à Função*. São Paulo: Manole, 2012.

[22] ROCHA, Leonel Severo. "Crítica da Teoria Crítica do Direito". In: ROCHA, Leonel Severo. *Epistemologia Jurídica e Democracia*. São Leopoldo: Unisinos, 2003.

maior dos operadores do Direito e dos intérpretes não oficiais, dos intérpretes que fazem parte da sociedade.

Contudo, essa constatação que é coerente, é insuficiente. Em outras palavras, é importante compreender-se o Direito dentro da sociedade, bem como compreender que a norma jurídica é um dever-ser formal. Isso, mantendo-se o pressuposto da adequação do conceito de norma jurídica, pois alguns preferem falar em regras e princípios. A hermenêutica é, portanto, uma tentativa de se manter a estrutura normativa ampliando-se as suas fontes de produção de sentido.

1.4. Hermenêutica Jurídica

Nesta ótica, as teses hermenêuticas da filosofia da linguagem ordinária, desde Wittgenstein, foram um avanço ao romperem com o apriorismo analítico do neopositivismo, acentuando o fato de que o sentido depende do contexto, da situação, do uso e funções dos discursos. Para Wittgenstein, o sentido depende das *formas de vida e dos jogos de linguagem*. Esta é uma postura que coloca a importância da instituição e da sociedade para a determinação do sentido. Nesse aspecto, valoriza-se a enunciação em relação ao enunciado. Isto permitiu no Direito um melhor aproveitamento dos estudos sobre a retórica a partir da ampliação do âmbito de abrangência de sua perspectiva problemática, podendo-se destacar, no Brasil, neste setor, as contribuições de Tércio Sampaio Ferraz Júnior[23] e de Luís Alberto Warat.[24] Igualmente, não foi difícil aproximar-se a tese da linguagem ordinária daquela da teoria dos atos de fala de Austin, que coloca a importância da performatividade do Direito.

A teoria de Austin,[25] revista por Searle, enfatiza a enunciação através dos atos comunicativos (a ação comunicativa) para a delimitação do sentido. Para Austin, existem três tipos principais de atos de fala: os *atos locucionários*, que contém o conteúdo das orações; os *atos ilocucionários*, onde o emissor realiza uma ação dizendo algo; e os *atos perlocucionários*, típicos de verbos performativos, como por exemplo, *te prometo, te ordeno, te confesso, te condeno*. Quem

---

[23] WARAT, Luís Alberto. *O Direito e sua Linguagem*. Porto Alegre: Sergio Antonio Fabris Editor, 1984.

[24] FERRAZ JUNIOR, Tércio Sampaio. *A Ciência do Direito*. São Paulo: Atlas, 1980.

[25] AUSTIN, John. *Quando Dizer é Fazer*: palavras e ações. Porto Alegre: Artes Médicas, 1990.

soube utilizar brilhantemente este arsenal teórico para a compreensão do Direito, já desde os anos sessenta, foi a teoria do Direito anglossaxônica, principalmente, através da obra de Herbert Hart. Como expoente da hermenêutica jurídica contemporânea, Hart discute a importância do reconhecimento, como já apontara Hobbes, para a legitimidade do Direito. Graças à hermenêutica filosófica (Gadamer; Ricoeur), esses autores têm conseguido superar a antiga tensão entre a dogmática jurídica e a sociologia, colocando os textos (a enunciação) como o centro das discussões.

A Hermenêutica é hoje, entretanto, uma derivação crítica da filosofia analítica, baseada nos trabalhos de Wittgenstein ("Investigações Filosóficas"),[26] que redefiniu, em meados do século passado, a ênfase no rigor e na pureza linguística por abordagens que privilegiam os contextos e funções das imprecisões dos discursos. A hermenêutica, diferentemente da pragmática, centrada nos procedimentos e práticas sociais, preocupa-se com a interpretação dos textos.

No terreno jurídico, a grande contribuição é, portanto, do positivismo de Herbert Hart ("O Conceito de Direito") e seus polemizadores (Raz,[27] Dworkin). O positivismo jurídico inglês foi delimitado por Austin e alçado até a filosofia política por intermédio do utilitarismo de Bentham. Na teoria de Hart, leitor de Bentham, a dinâmica das normas somente pode ser explicitada através da análise das chamadas regras secundárias (*adjudicação, mudança e reconhecimento*), que permitem a justificação e a existência do sistema jurídico. Para sistêmicos autopoiéticos, como Gunther Teubner, a concepção hartiana dessas regras caracterizou um salto metodológico notável para que o Direito atingisse o que ele denominou de "hiperciclo".[28]

Hart preocupa-se com a questão das definições; porém, inserindo-se na concepção pragmática da linguagem, com objetivos hermenêuticos, este autor entende que o modo tradicional de definição por *gênero e diferença específica* é inapropriado para a compreensão de noções tão gerais e abstratas. Isso porque a caracterização de tais definições necessitaria de termos tão ambíguos quanto os que se deseja definir. Para Hart, Direito é *uma expressão familiar que*

---

[26] WITTGENSTEIN, Ludwig. "Investigações Filosóficas". *In: Coleção Os Pensadores*. Trad. José Carlos Bruni. São Paulo: Nova Cultural, 1999.

[27] RAZ, Joseph. *O Conceito de Sistema Jurídico*. São Paulo: Martins Fontes, 2012.

[28] TEUBNER, Gunther. *O Direito como Sistema Autopoiético*. Lisboa: Fundação Calouste Gulbenkian, 1989.

empregamos na prática jurídica sem a necessidade de nenhuma definição filosófica. Assim, a preocupação da jurisprudência não é com a explicitação da designação pura do signo Direito, como tenta fazer Bobbio, mas "explorar as relações essenciais que existem entre o Direito e a moralidade, a força e a sociedade (...) Na realidade, ela consiste em explorar a natureza de uma importante instituição social".[29]

A tese do Direito como instituição social significa que se trata de um fenômeno cultural constituído pela linguagem. Por isso é que Hart, desde a linguística, pretende privilegiar o uso da linguagem normativa como o segredo para que se compreenda a normatividade do Direito. Esta atitude epistemológica tem, para Raz,[30] duas consequências: "em primeiro lugar, os termos e expressões mais gerais empregadas no discurso jurídico (...), não são especificamente jurídicos. São, geralmente, o meio corrente mediante o qual se manifesta a maior parte do discurso normativo". Em segundo lugar, com a análise da linguagem, "a normatividade do Direito é explicada conforme a maneira como afeta aqueles que se consideram a si mesmos como sujeitos de Direito. Um dos temas principais tratados por Hart é o fato de que quando uma pessoa diz 'tenho o dever de...' ou 'você tem o dever de...', ela expressa o seu reconhecimento e respalda um *standard* de conduta que é adotado como um guia de comportamento".[31]

Isso expressa um reconhecimento de quem formula a regra, seu desejo de ser guiado por ela, e a exigência (social) de que outros também o sejam. A normatividade é social. A necessidade do reconhecimento é que colocou a teoria de Hart no centro da hermenêutica. Nessa lógica, não é surpreendente o fato de que, para Hart, o Direito possui uma zona de textura aberta que permite a livre manifestação do poder discricionário do juiz para a solução dos conflitos, nos chamados *hard cases*.

Esta última postura é criticada por Ronald Dworkin,[32] que exorta a necessidade de o Direito sempre proporcionar uma "boa resposta", já que o juiz, ao julgar, escreve a continuidade de uma história (*chain novel*). Nesse sentido, Dworkin coloca a célebre metáfora do romance escrito em continuidade, apontando para metáfora

---

[29] HART, Herbert. *O Conceito de Direito*. Lisboa: Fundação Calouste Gulbenkian, 1976.

[30] RAZ, Joseph. *O Conceito de Sistema Jurídico*. São Paulo: Martins Fontes, 2012.

[31] Idem.

[32] DWORKIN, Ronald. *Law's Empire*. Cambridge: Harvard University Press, 1986.

da *Narração*. A boa resposta (*right answer*) seria aquela que resolvesse melhor à dupla exigência que se impõe ao juiz, ou seja, fazer com que a decisão se harmonize o melhor possível com a jurisprudência anterior e ao mesmo tempo a atualize (justifique) conforme a moral política da comunidade.

Dworkin iniciou a partir dessa tese inúmeras polêmicas. Uma das mais célebres foi aquela realizada com Jules Coleman,[33] da Universidade de Yale, que retoma a tese de Raz de que o positivismo é exclusivo, o que permitiria que a moral seja incluída como Direito válido somente se houver uma convenção autorizada expressamente pela comunidade jurídica para tal.[34]

Neste sentido, apesar das diferenças, Hart e Dworkin percebem que o Direito tem necessariamente contatos com a moral e com a justiça. Daí o lado político do Direito anglo-saxão, sempre ligado ao liberalismo, embora na versão crítica destes autores: Hart influenciado pelo utilitarismo de Bentham, e Dworkin pelo neo-contratualismo de Rawls.

A concepção de Estado da Hermenêutica é, portanto, mais democrática que a da filosofia analítica, voltando-se para as instituições sociais e abrindo-se já para o Estado interventor (o que Bobbio chegou a assinalar). De qualquer maneira, num certo sentido, essa matriz, já bastante prescritiva, ainda é normativa, embora possa-se dizer que Dworkin possui uma teoria da interpretação, capaz de avançar além do positivismo e do utilitarismo.

Outrossim, um outro problema que permanece é o excessivo uso da metodologia individualista na hermenêutica do *common law*, fazendo com que a linguagem ordinária, assim como algumas vertentes da hermenêutica, ao efetuarem o seu deslocamento pragmático, não ficassem isentas de dificuldades de compreensão. Pode-se aqui citar, por exemplo, o psicologismo de sua teoria da ação, ainda muito centrada na chamada filosofia da consciência, de origem cartesiana. Desse modo, mesmo Dworkin,[35] um dos juristas que procurou resolver esta problemática recorrendo à hermenêutica narrativa (que relaciona o sujeito com a instituição), ao considerar a moral como fundamental na interpretação, coloca um forte obstáculo con-

---

[33] COLEMAN, Jules. *The Practice of Principle: in Defence of a Pragmatist Approach to Legal Theory.* New York: Oxford University Press, 2001.

[34] DWORKIN, Ronald. *A Justiça de Toga.* São Paulo: Martins Fontes, 2010. p. 266.

[35] DWORKIN, Ronald. *Law's Empire.* Cambridge: Harvard University Press, 1986.

servador a mudança social, nos casos voltados aos Direitos de gênero e comportamentos não tradicionais.

Todos esses problemas que estamos levantando, e também algumas virtudes, provêm da constatação das limitações das análises centradas exclusivamente nos três níveis da semiótica (sintaxe, semântica e pragmática). Para Landowski, é preciso a elaboração de uma mudança de ponto de vista metodológico e teórico:

> A contribuição da semiótica consiste sobretudo, parece-nos, em possibilitar a passagem de uma concepção atomista da significação – aquela em que se apoiaram, na falta de melhor hipótese, os estudos de estatística lexical em voga durante as últimas décadas – a uma problemática de tipo estrutural que tem por objetivo dar conta dos discursos enquanto totalidades significantes, decerto apreensíveis em diferentes níveis de profundidade, mas, em todo caso, irredutíveis a uma simples adição de lexemas imediatamente indentificáveis em superfície.[36]

Assim sendo, num primeiro momento, na modernidade, o normativismo surge como um sistema jurídico fechado, em que as normas válidas se relacionam com outras normas, formando um sistema dogmático hierarquizado; e, num segundo momento, na globalização surgem hermenêuticas que dizem que as normas jurídicas, no sentido kelseniano, no sentido tradicional, não são mais possíveis, que é preciso haver uma noção mais alargada que inclua também regras, princípios, diretrizes políticas, com uma participação maior da sociedade. Deste modo, a hermenêutica é, inicialmente, um avanço da crítica jurídica porque aprofunda a questão da interpretação normativa, dando uma função criativa muito importante aos juízes, advogados e aos operadores do Direito em geral. Isso quer dizer, que a hermenêutica fornece ideologicamente muito mais poder de ação.

Entretanto, a hermenêutica jurídica também possui lacunas teóricas. Por exemplo, logo desembocou na dogmática da resposta certa, negando aos juízes o novo espaço conquistado (tido como voluntarista). Assim sendo, a hermenêutica jurídica abre um importante ponto de referência para análise da sociedade, para a compreensão do Direito. Por outro lado, logo retrocede para acatar o tradicional medo da liberdade citado por Tocqueville. Do mesmo modo, ela não explica suficientemente o que seja sociedade, assumindo uma perspectiva de homogeneidade social que ignora o pluralismo cultural e o Direito à diferença.

---

[36] LANDOWSKI, Eric. *La Société Réflechie: essais de Socio-Sémiotique*. Paris: Seuil, 1989.

1.5. Sociologia e Teoria dos Sistemas

Nessa linha de ideias, pode-se propor uma terceira etapa, além das matrizes normativistas e hermenêuticas, na qual se pretende refletir melhor sobre o que é a sociedade.[37] Para que se aprofunde a concepção de uma sociedade relacionada com o Direito é preciso rever-se completamente as relações do Direito com o social. Para tanto, o objetivo seria, basicamente, avançando além da hermenêutica, rediscutir-se a Sociologia do Direito. O problema é qual Sociologia do Direito?

Pretendemos sugerir para responder a essa questão algumas das possibilidades heurísticas que podem nos oferecer as abordagens que vêm produzindo a epistemologia construtivista, a partir das linguísticas pragmáticas, as ciências cognitivas e a atual teoria dos sistemas (notadamente nos trabalhos de Luhmann),[38] para a proposta de uma nova teoria da interpretação jurídica e, consequentemente, de outras possibilidades para se avançar além da Semiótica do Direito. Essa perspectiva permite uma revisão da racionalidade jurídica, redefinindo seus critérios tradicionais de cientificidade, ao abrir-se para observações que enfrentam questões normalmente omitidas na atribuição de sentido do Direito, como a consideração positiva da existência de paradoxos na relevância significativa.

Observar é produzir informação. A informação está ligada à comunicação. A problemática da observação do Direito deve ser relacionada com a interpretação jurídica. Para se observar diferentemente, é preciso ter-se poder. A principal característica do poder é ser um meio de comunicação encarregado da produção, do controle e do processamento das informações. Uma das formas possíveis para se obter observações mais sofisticadas, de segundo grau, seria portanto o desenvolvimento de uma nova *Teoria dos Meios de Comunicação do Direito*.

Deste modo, esta observação poderia estabelecer critérios para a constituição de uma teoria do Direito, cuja função seria elaborar uma observação reflexiva sobre a totalidade da comunicação do Direito. E, como se sabe, conforme a teoria adotada, varia o ponto de

---

[37] Essa perspectiva é aprofundada no artigo *"Três matrizes da teoria jurídica"* de Leonel Severo Rocha, in Anuário do Programa de Pós-graduação em Direito Mestrado e Doutorado da Unisinos, São Leopoldo, 1999;

[38] LUHMANN, Niklas. *Sistemi Sociali: Fondamenti di una Teoria Generale*. Bolonha: Il Mulino, 1990;

vista da observação. Assim, para uma observação sobre o Direito, capaz de permitir uma melhor compreensão das mudanças no seu entendimento, é necessário trabalhar-se com matrizes teóricas diferentes daquelas tradicionais. Somente, desde uma observação diferente poder-se-á recolocar o sentido social da interpretação jurídica, que, no século XX, foi dominada pela Semiótica. A hipótese que esboçamos neste texto é que somente uma nova Matriz Jurídica pode nos ajudar na reconstrução da teoria jurídica contemporânea.

1.6. A Pragmática-Sistêmica

A interpretação na teoria dos sistemas parte do conceito de comunicação. Esta análise afirma que a sociedade apresenta as características de um sistema, permitindo a observação dos fenômenos sociais através dos laços de interdependência que os unem e os constituem numa totalidade. O sistema, para Bertalanffy, é um conjunto de elementos que se encontram em interação. Nesta teoria, entende-se que o sistema reage globalmente, como um todo, às pressões exteriores e às reações dos seus elementos internos. A moderna teoria social dos sistemas foi delineada classicamente por Parsons,[39] possuindo características que privilegiam o aspecto estrutural de sua conservação.

No entanto, a teoria dos sistemas renovou-se enormemente com as contribuições das ciências cognitivas, das novas lógicas e da informática, passando a enfatizar os seus aspectos dinâmicos. Do ponto de vista epistemológico, pode-se enfatizar a importância do chamado *construtivismo* para esta transformação. O construtivismo entende que conhecimento não se baseia na correspondência com a realidade externa, mas somente sobre as construções de um observador (Von Glaserfeld, Heinz Von Foerster). Para a área jurídica, nesta última linha de investigação, é interessante salientar-se, dentro dos limites deste texto, duas perspectivas neoparsonianas: a teoria da diferenciação e a teoria da ação comunicativa.

Para as teorias neossistêmicas, a interpretação não pode mais restringir-se ao formalismo linguístico da semiótica normativista de matriz analítica, nem ao contextualismo, um tanto psicologista, da matriz hermenêutica; mas deve voltar-se para questões mais

---

[39] PARSONS, Talcott. *Sistema Social*. Madrid: Revista de Ocidente, 1976. Ver, também, do mesmo autor: *A Estrutura da Ação Social*. Volumes I e II. Pretópolis: Vozes, 2010.

sistêmico-institucionais. Assim, centra-se nas formas de interpretação elaboradas pelos *meios de comunicação simbolicamente generalizados; nas organizações*, encarregadas de produzir decisões jurídicas, e nas novas maneiras de decidir conflitos, como a *arbitragem* e a *mediação*.

Luhmann e Habermas, importantes autores alemães, vão enfatizar também certos aspectos filosóficos desta matriz, os quais a Sociologia americana de Parsons não tinha dado ênfase. Habermas, por exemplo, elaborou uma teoria dos sistemas, na linha de Parsons, em que o ambiente tem uma certa autonomia. Para Habermas, existe a ideia de sistema, mas também existe igualmente um ambiente, que ele denomina de mundo da vida. A ideia de sistema de Parsons é mantida com a revisão possibilitada pela concepção de mundo da vida. Além do mais, Habermas efetua uma forte leitura filosófica nessa questão, colocando Kant como o autor fundamental, numa rediscussão ética de toda essa problemática. Assim, Habermas força um retorno a Kant juntamente com a ideia de que o consenso seria necessário à sociedade contemporânea. À diferença de Parsons, Habermas também coloca a questão da linguagem, do discurso, como central. Entretanto, não coloca a linguagem como texto, como o faz a hermenêutica mais tradicional, colocando-a como comunicação. Parsons fala em linguagem como comunicação, e, por isso, Habermas, em homenagem aos seus grandes mestres – Weber fala em teoria da ação, Parsons fala em comunicação –, escreve sua principal obra com o título de Teoria da Ação Comunicativa.[40]

Luhmann é, porém, o autor que mais nos interessa aprofundar neste momento. Luhmann sempre teve uma polêmica com Habermas, tendo uma trajetória intelectual semelhante. Trata-se de uma teoria dos sistemas com um retorno a certas bases filosóficas de Hegel. Deste modo, Luhmann vai inspirar-se em numa dialética e, com isso, ele vai colocar que o mais importante não é a perspectiva que está em Habermas, de se obter o consenso, mas afirmar, ao contrário, que o sentido da sociedade é a produção da diferença. É sempre preciso que a sociedade produza diferença, não consenso. Deste modo, estamos distantes da linha do diálogo de Habermas, e da estabilização, na perspectiva de Parsons. A sociedade tem de ser observada desde o critério de produção do diferente.

---

[40] HABERMAS, Jurgen. *Teoria da Ação Comunicativa*. Madrid:Taurus,1989.

Por isso, a teoria de Luhmann é uma concepção de mundo que pode ser chamada, na falta de outro nome, pós-moderna.[41] Teoria que acentua não a racionalidade, não o consenso, não a identidade; mas a produção da diferença, da fragmentação, da singularidade. É uma teoria crítica nesse sentido avançando o máximo possível além de qualquer noção de racionalidade tradicional. Assim, embora continue aproveitando uma parcela das contribuições de Weber e de Parsons, a sociedade de Niklas Luhmann visa à produção da diferença. Nesta ótica, introduziu-se toda essa trajetória para se salientar a importância da teoria sociológica do Direito. Historicamente, Weber colocou a problemática da ação, como tomada de decisão; Parsons, a problemática dos sistemas. E, Luhmann, por sua vez, vai rever tudo isso e aprofundar numa teoria da sociedade contemporânea.

1.7. A Pragmática-Sistêmica em Luhmann

Niklas Luhmann adaptaria, entretanto, alguns aspectos da teoria de Parsons, somente numa primeira fase de sua atividade intelectual, porque, em seus últimos textos,[42] voltou-se para uma perspectiva epistemológica "autopoiética" (Varela-Maturana):[43] acentuando a sistematicidade do Direito como autorreprodutor de suas condições de possibilidade de ser, rompendo com o funcionalismo (*input/output*) parsoniano.

A perspectiva sistêmica autopoiética (pragmático-sistêmica) permite afirmar que por trás de todas as dimensões da semiótica, notadamente as funções pragmáticas da linguagem nos processos de decisão jurídica, estão presentes a problemática do risco e do paradoxo, os quais estão redefinidos no interior do sistema. Nessa linha de ideias é que se pode entender porque Luhmann, indo bem além de Kelsen (analítica) e Hart (hermenêutica), define o Direito[44] como "uma estrutura de generalização congruente em três níveis: temporal (norma), social (institucionalização) e prático ou objetivo

---

[41] Luhmann se considera um sociólogo da modernidade, porém a sua concepção de modernidade para nós se aproxima mais da ideia de pós-modernidade.

[42] LUHMANN, Niklas. *La Sociedad de la Sociedad*. México: Herder, 2007.

[43] MATURANA, Humberto; VARELA, Francisco. *Él Árbol Del Conocimiento*: las bases biológicas del entendimento humano. Buenos Aires: Lumen Juris, 2003.

[44] LUHMANN, Niklas. *Sociologia do Direito*. v. I. Rio de Janeiro: Tempo Universitário, 1972.

(núcleo significativo)". Isto porque, para Luhmann, na obra *Sociologia do Direito*, "o comportamento social em um mundo altamente complexo e contingente exige a realização de graduações que possibilitem expectativas comportamentais recíprocas e que são orientadas a partir de expectativas sobre tais expectativas". Estas reduções podem dar-se através de três dimensões: temporal, social e prática. Na dimensão temporal, "essas estruturas de expectativas podem ser estabilizadas contra frustrações através da normatização"; na dimensão social, essas estruturas de expectativas podem ser institucionalizadas, isto é, apoiadas sobre o consenso esperado de terceiros; e, na dimensão prática, "essas estruturas de expectativas podem ser fixadas também através da delimitação de um 'sentido' idêntico, compondo uma inter-relação de confirmações e limitações recíprocas".

Em um mundo altamente complexo e contingente, o comportamento social, para Luhmann, requer, portanto, reduções que irão possibilitar expectativas comportamentais recíprocas e que são orientadas, a partir das expectativas sobre tais expectativas. Isso gera a questão da dupla contingência. A consecução disso reside então em harmonizar as dimensões, através de reduções que irão se dar em cada uma delas, por intermédio de mecanismos próprios, o que Luhmann denomina "generalização congruente". O termo "congruente" significa coerência, ou seja, congruência. Importante, também, em Luhmann é a sua constatação de que:

> O Direito não é primariamente um ordenamento coativo, mais sim um alívio para as expectativas. O alívio consiste na disponibilidade de caminhos congruentemente generalizados para as expectativas significando uma eficiente indiferença inofensiva contra outras possibilidades, que reduz consideravelmente o risco da expectativa contrafática.

Nesta ordem de ideias, a função do Direito reside na sua eficiência seletiva, na seleção de expectativas comportamentais que possam ser generalizadas em todas as dimensões. O Direito é assim "a estrutura de um sistema social que se baseia na generalização congruente de expectativas comportamentais normativas". O Direito, para Luhmann, é uma estrutura dinâmica devido à permanente evolução provocada pela sua necessidade de constantemente agir como uma das estruturas sociais redutoras da complexidade das possibilidades do ser no mundo (Husserl).

Assim, a complexidade organizada, causada pela chamada dupla contingência, é combatida pelos processos de identificação estrutural, somente possíveis com a criação de diferenciações funcionais. A Teoria Sistêmica do Direito, ao comunicar a norma jurídica com o social e a práxis significativa, fornece um importante passo para a construção de uma nova teoria do Direito que aborde simultaneamente os seus aspectos analíticos, hermenêuticos e pragmáticos, em relação com o sistema social.

Nessa linha de ideias, é lúcida a visão de Miguel Reale,[45] que há muito tempo tem reivindicado uma postura tridimensional do Direito (do mesmo modo que Luhmann, ao propor também três dimensões para a estrutura jurídica), manifesta por uma dialética de implicação-polaridade em busca de um normativismo jurídico concreto: o Direito é uma experiência histórico-cultural.

Do mesmo modo, é importante a contribuição de Ferraz Júnior,[46] que entende a ciência do Direito como voltada ao problema da decidibilidade dos conflitos, desde um instrumental que articula os modelos analíticos, hermenêuticos e argumentativos do Direito. Ferraz Júnior desenvolveu o seu pensamento, inicialmente, a partir de sua tese sobre a obra de Emil Lask, que foi um dos primeiros[47] a ter uma postura "tridimensional do Direito", ao pretender superar a oposição entre o ser e o dever ser através do mundo da cultura, tendo sofrido também grande influência de Luhmann.

A Teoria dos Sistemas de Luhmann tem, assim, proporcionado a configuração de um novo "estilo científico" mais apto à compreensão das atuais sociedades complexas (nas quais vivemos), estando no centro das discussões atuais sobre o sentido do Direito e da sociedade. A própria filosofia analítica tem se reformulado intensamente com tendências a substituir o neopositivismo (ou complementá-lo) pelas análises da lógica modal (deôntica), criada por Von Wright[48] e desenvolvida por lógicos como Kalinowski,[49] revistas pelos trabalhos inovadores da "lógica paraconsistente", não trivial,

---

[45] REALE, Miguel. *Teoria Tridimensional do Direito*. São Paulo: Saraiva, 2006.

[46] Sobre o tema ver: ROCHA, Leonel Severo. Semiótica e Pragmática em Tércio Sampaio Ferraz Jr. In: ADEODATO, João Maurício; BITTAR, Eduardo C. (org.). *Filosofia e Teoria Geral do Direito*: homenagem à Tércio Sampaio Ferraz Júnior. São Paulo: Quartier Latin, 2001, p. 755-772.

[47] REALE, Miguel. *Filosofia do Direito*. São Paulo: Saraiva, 2009, p. 512.

[48] WRIGHT, Georg Von. *Norm and Action*: *a logical enquiry*. New York: Humanities Press, 1963.

[49] KALINOWSKI, Georges. *Introduction a la logique juridique*: elements de semiotique juridique, logique des normes et logique juridique. Paris: Libr. Generale de Droit et de Jurisprudence, 1965.

no domínio jurídico. A informática jurídica também parece ser um campo de atuação de grande futuro nesse contexto.

Existem igualmente juristas, como Aulis Aarnio, da Universidade de Helsinki, que pretendem retomar a filosofia analítica, através de um viés mais interpretativo, procurando ver o "racional como razoável".[50] Para tanto, procuram "combinar especialmente três pontos de vista, isto é, chamada Nova retórica, a filosofia linguística do último Wittgenstein e o enfoque racionalista representado por Jürgen Habermas".[51] Este autor entende que a interpretação possa ser vista como uma soma de jogos de linguagem, assim como,

> a ênfase da conexão entre a linguagem e a forma de vida, a interpretação do conceito de audiência com ajuda do conceito de forma de vida, o exame das teorias da coerência e de consenso como pautas de medição das proposições interpretativas, um moderado relativismo axiológico e uma tentativa de localizar os traços racionalistas da interpretação.

Esta atitude interpretativa de Aarnio coloca a tradição analítica conjuntamente com a hermenêutica. E, nesse aspecto, não podemos igualmente subestimar as críticas feitas por MacCormick à Dworkin, assim como, os seus trabalhos realizados com Ota Weinberger sobre a possibilidade de uma *Teoria Institucional do Direito*. Como se sabe, Dworkin, desde sua controvertida tese da "resposta correta", conclui pela "completude do Direito". Para Dworkin, "as lacunas do Direito são raras; existe quase sempre uma resposta exata a uma questão jurídica".[52]

Não obstante, para MacCormick, Dworkin subestima os aspectos "institucionais" do Direito. "A lei é de fato uma caso central e paradigmático de uma 'instituição de Direito', e é um fato institucional (jurídico) que os Atos ou Artigos existam como Direito".[53] Neste sentido, segundo MacCormick:

> Prefiro a ontologia da teoria institucional do Direito, que autoriza a aceitação da existência das leis como textos-leis independentemente do estabelecimento de uma conclusão qualquer sobre a melhor maneira de interpretar e aplicar estes textos no processo que os torna operacionais. O Direito em ação deve evidentemente

---

[50] AARNIO, Aulis. *The Rational as Reasonable: a Treatise on Legal Justification*. Dordrecht: D. Reidel, 1986.

[51] Idem.

[52] DWORKIN, Ronald. *La complétude du droit*. In: AMSELEK, P. (ed.). *Controverses autour de l'ontologie du droit*. Paris: Presses Universitaires de France, 1989, p. 127-135.

[53] MACCORMICK, Neil; WEINBERGER, Ota. *An Institutional Theory of Law: new approaches to legal Positivism*. Dordrecht: D. Reidel, 1985.

ser acionado pela mediação de visões politicamente controvertidas de um Estado ideal. O Direito em repouso é, entretanto, um compromisso sempre temporário entre visões opostas. Não é o ideal de ninguém. É um fato institucional.[54]

Para Weinberger, existe uma interdependência entre a ação do indivíduo e a sociedade. Esta interdependência se realiza em instituições que são modelos de ação. Assim, influenciado por Searle e Anscombe, Weinberger volta-se para os fatos institucionais. O conhecimento é o conhecimento de indivíduos capazes de viver e agir num sistema de instituições sociais. Portanto, hipótese mais rica que a da sociologia tradicional baseada em fatos brutos. Para este autor:

> É justamente durante a análise destas relações que percebi que toda instituição compreende um núcleo normativo e outro de informações práticas. Este dado está também na base da teoria geral, de fundamento neo-institucionalista, da validade de todas as categorias de normas sociais.[55]

Todas estas derivações da analítica e da hermenêutica jurídica desembocam assim em perspectivas pragmáticas de caráter institucional, chegando à tese de MacCormick e Weinberger do Direito como "fato institucional".

Embora não pretendamos analisar detidamente neste momento outras perspectivas, não se pode deixar de apontar o enfoque da Análise Econômica do Direito, que permitiu uma abordagem mais detalhada das consequências das decisões jurídicas. Nesse sentido, destacam-se Robert Cooter (Berkeley) e Thomas Ulen (Illinois), os quais, desde o marco teórico iniciado por Ronald Coase, Guido Calabresi e Gary Becker, obrigam-nos a refletir não somente sobre os fundamentos, mas também sobre as consequências econômicas das decisões jurídicas.[56] Com muito sucesso na área do Direito, Richard Posner, por sua vez, critica a obsessão pela teoria moral e constitucional nos juristas, propugnando por uma observação dos fatos sociais e suas relações empíricas com a economia e com a política.[57]

Tais perspectivas (institucionalista e econômica, dentre outras) podem ser heuristicamente complementadas, como abordaremos abaixo, pelas propostas da segunda fase luhmanniana, aquela de

---

[54] MACCORMICK, Neil. *Legal reasoning and legal theory*. Oxford: Oxford University Press, 1995.

[55] MACCORMICK, Neil; WEINBERGER, Ota. *An Institutional Theory of Law: new approaches to legal Positivism*. Dordrecht: D. Reidel, 1985.

[56] COOTER, Thomas; ULEN, Thomas. *Direito e Economia*. São Paulo: Artmed, 2010.

[57] POSNER, Richard. *A Problemática da Teoria Moral e Jurídica*. São Paulo: Martins Fontes, 2012.

matriz autopoiética, aliada à concepção de "risco", a qual aponta interessantes avanços para esta discussão da racionalidade do Direito e da sociedade. Por tudo isso, como se depreende de nossa abordagem, a teoria do Direito depende, na atualidade, de uma teoria da sociedade: *pragmático-sistêmica*.

A teoria dos sistemas de Luhmann procura explicar a sociedade como sistema social. É importante, nesta matriz epistemológica, demonstrar-se que certos elementos básicos tornam possível formas de interação social. Isso implica uma grande complexidade, que exige cada vez mais subsistemas, como o Direito, a economia, a religião etc., os quais, por sua vez, se diferenciam, criando outros subsistemas, e assim sucessivamente.[58]

1.8. Comunicação, risco e perigo: sistema fechado e aberto

A sociedade como sistema social se constitui e se sustenta por intermédio da "comunicação". Por sua vez, a comunicação depende da linguagem, das funções, da diferenciação e das estruturas, gerando a evolução social.

Entretanto, para os objetivos de nosso argumento, interessa-nos acentuar inicialmente a categoria de "risco". Em outras palavras, na sociedade complexa, o risco torna-se um elemento decisivo: é um evento generalizado da comunicação, sendo uma reflexão sobre as possibilidades de decisão.

Na literatura tradicional, o risco vem acompanhado da reflexão sobre a "segurança". Nesta ótica, Luhmann prefere colocar o risco em oposição ao "perigo", por entender que os acontecimentos sociais são provocados por decisões contingentes (poderiam ser de outra forma), que não permitem mais se falar de decisão segura. A sociedade moderna possui condições de controlar as indeterminações, ao mesmo tempo, que não cessa de produzi-las. Isso gera um "paradoxo" na comunicação. Nesta ordem de raciocínio, concordamos com Luhmann, no sentido de que a pesquisa jurídica deve ser dirigida para uma nova concepção da sociedade, centrada no postulado de que o risco é uma das categorias fundamentais para a sua observação.

---

[58] LUHMANN, Niklas. *Risk: a sociological theory*. New York, Aldine de Gruyter, 1993.

Toda teoria dos sistemas se caracteriza por manter determinado tipo de relações com o ambiente. A teoria da diferenciação afirma que somente os sistemas são dotados de sentido, sendo que o ambiente é apenas uma complexidade bruta, que ao ser reduzida, já faz parte de um sistema. É o sistema a partir da dinâmica da diferenciação que constrói o sentido. Trata-se do princípio da diferenciação funcional dos sistemas sociais da sociedade moderna.

Um sistema diferenciado deve ser, simultaneamente, *operativamente fechado*, para manter a sua unidade, e *cognitivamente aberto*, para poder observar a sua diferença constitutiva. Portanto, a sociedade possui como elemento principal a comunicação: a capacidade de repetir as suas operações, diferenciando-as de suas observações. A tomada de decisões produz tempo dentro da sociedade. Nesta perspectiva, não é o consenso que produz o sentido das decisões, mas a diferenciação.

As organizações são as estruturas burocráticas encarregadas de tomar decisões coletivas a partir da programação e do código dos sistemas. Os sistemas adquirem a sua identidade numa permanente diferenciação com o ambiente e com os outros sistemas, graças às decisões das organizações. O Poder Judiciário pode ser visto como uma organização voltada à consecução das decisões do sistema do Direito. A produção do diferente em cada processo de tomada de decisões gera o tempo. Quando a diferenciação ocorre numa metaobservação do sistema, surgem paradoxos que constituem a efetiva matriz da história.

Devido a todos estes fatores, Luhmann[59] coloca como objeto preferencial de seu campo temático a comunicação: somente a comunicação pode produzir comunicação. A comunicação, para Luhmann, se articula com a discussão a respeito dos chamados "Meios de Comunicação Simbolicamente Generalizados". A comunicação, para Luhmann, é uma síntese entre a *informação*, o *ato de comunicação* e a *compreensão*. Esta síntese é possível dependendo da forma como os meios de comunicação permitem a produção do sentido. Assim, a comunicação não derivaria de suas pretensões de racionalidade consensual. Uma tal postura permite afirmar que as funções pragmáticas da linguagem nos processos de decisão jurídica podem e devem ser redefinidas somente no interior dos sistemas.

Nessa segunda fase, denominada autopoiética, Luhmann radicaliza a sua crítica da sociedade, graças, então, às suas concepções

---

[59] LUHMANN, Niklas. *Sistemi Sociali*. Bolonha: Il Mulino, 1990.

de risco e de paradoxo, que apontam avanços para a discussão a respeito da racionalidade do Direito e da sociedade. A constatação da presença permanente do risco de não se obter consequências racionais em relação aos fins pretendidos nas decisões (como pregara Weber), para Luhmann, gera o inevitável paradoxo da comunicação na sociedade moderna. Em outros termos, impede a diferenciação entre a operação de fechamento e abertura dos sistemas. Assim, rompe com o funcionalismo parsoniano, voltado à teoria do interesse, cuja racionalidade dependeria da objetividade da ação do ator em relação a determinados fins (funções).

1.9. Paradoxo e Autopoiese

Qual é a noção a partir daí que podemos ter de um sistema que é ligado ao passado e ao futuro simultaneamente, que lida com a ideia de paradoxo? Chamamos isso de *autopoiesis*.[60] O sistema autopoiético é simultaneamente fechado e aberto, ou seja, é um sistema que sincroniza a repetição e a diferença, tendo que equacionar no seu interior esse paradoxo que os operadores do Direito vão usar como critério para tomar decisões.

Assim, a noção de autopoiese surge como uma necessidade de se pensar aquilo que não poderia ser pensado em uma visão dogmática e unidimensional. É um sistema que não é fechado nem aberto. Por quê? Porque um sistema fechado é impossível, não pode haver um sistema que se autorreproduza somente nele mesmo. Por sua vez, igualmente, não pode haver um sistema totalmente aberto e sem limites. Há, aqui, então, a proposta da autopoiese que estabelece um critério de repetição e diferença simultânea. E, aprofundando esse último aspecto, tendo-se interesse em falar novamente a respeito de programação finalística (economia, por exemplo) na programação de produção da diferença, iremos então retomar aquela complexidade inicial enfrentada por Weber. Retorna-se, desse modo, ao problema da dupla contingência (indeterminação), e forçando-nos novamente a discutirmos quais são as consequências das nossas ações.

A fuga desse dilema é obtida no Direito tradicional por intermédio do jogo da resposta dogmática, em que as consequências das

---

[60] TEUBNER, Gunther. *O Direito como Sistema Autopoiético*. Lisboa: Fundação Calouste Gulbenkian, 1989.

nossas ações já estão dadas antecipadamente. Se, por exemplo, alguém matar outrem e isso for comprovado em um "devido processo legal", aquele poderá sofrer uma determinada pena, que já estaria prevista na legislação. O Direito dá o sentido do futuro. A partir do momento em que rompemos com essa noção e começamos a pensar a produção da diferença, na construção de novas realidades, temos que reavaliar que tipo de consequências podem decorrer de nossas decisões. E é por isso que destacamos o conceito sociológico de risco,[61] porque, a cada vez que uma decisão é tomada em relação ao futuro (e sabemos que não é fácil tomá-la em razão da grande complexidade), temos que pensar na contingência (como sendo a possibilidade de que os fatos não ocorram da maneira como estamos antevendo). É preciso, portanto, levar-se a sério a consideração de todas as consequências, toda a complexidade que está por trás da produção de uma decisão diferente. Por isso, devemos investigar também as organizações e os sistemas, como a Administração, a Economia, que participam ativamente das decisões. O risco é a contingência: uma decisão sempre implica a possibilidade de que as suas consequências ocorram de maneira diferente. As organizações são os sistemas encarregados de reduzir a complexidade em tal situação. E essa é uma das funções do Poder Judiciário, cuja posição é central no Sistema do Direito.

Assim sendo, a sociologia luhmanniana apresenta uma série de propostas que nos permitem observar o Direito de maneira diferente; de uma maneira mais dialética (sem síntese), no sentido de que é preciso ver a sociedade como tentativa de construção de futuro. É difícil observar-se o Direito atual usando-se somente critérios dogmáticos-normativistas. A partir desta ruptura epistemológica, proposta pela matriz pragmático-sistêmica, vislumbra-se uma epistemologia circular e não mais linear, como tradicionalmente enfocada. De qualquer maneira, para que seja possível o perfeito entendimento dessa nova perspectiva com que é vislumbrada a teoria e a prática do Direito, necessita-se de uma abordagem das características decorrentes da autorreferencialidade do sistema jurídico.[62]

---

[61] Sobre Risco ver: LUHMANN, Niklas. *Sociologia del Riesgo*. Trad. Javier Torres Nafarrate. Guadalajara: iberoamericana, 1992.

[62] Aqui, e nas páginas seguintes, acentuam-se algumas ideias que já anotamos no texto escrito conjuntamente com Delton Winter de Carvalho intitulado "Auto-referência, Circularidade e Paradoxos na Teoria do Direito", publicado no *Anuário do Programa de Pós-graduação em Direito da Unisinos*, n. 4, 2002.

Conforme Gunther Teubner, a autorreferência é a "característica visceral" do Direito Pós-Moderno, e sua abordagem faz-se essencial para um entendimento do Direito como um sistema autopoiético.[63] A Referência é a designação proveniente de uma distinção, e a peculiaridade do prefixo *auto* reside no fato de que a operação de referência resulta naquilo que designa a si mesmo. Para Luhmann, a expressão autorreferência (*Self-reference*):

> Designa toda operação que se refere a algo fora de si mesmo e que, através disto, volta a si. A pura auto-referência, a qual não toma o desvio do que lhe é externo, equivaleria a uma tautologia. Operações reais ou sistemas reais dependem de um 'desdobramento' ou destautologização desta tautologia, pois somente então, estas poderão compreender que são somente possíveis em um ambiente real de uma maneira limitada, não arbitrária.[64]

Para Teubner, essa nova forma do Direito sugere quatro características.[65] Primeiramente, a autorreferência aponta uma indeterminação por parte do Direito, como algo insuscetível de qualquer controle ou direção externa, não sendo determinada por autoridades terrestres ou por textos, pelo Direito Natural ou pela revelação divina. São as decisões anteriores que estabelecem a validade do Direito, e este determina a si próprio por sua autorreferência, baseando-se em sua própria positividade. O Direito retira sua validade desta autorreferência pura, segundo a qual o Direito é o que o Direito diz ser Direito, isto é, qualquer operação jurídica reenvia ao resultado de operações jurídicas anteriores. A validade não pode ser importada do ambiente do sistema jurídico porque "o Direito é válido, então, em razão de decisões que estabelecem sua validade",[66] assim, a única racionalidade possível é a que consiste numa configuração interna possibilitadora de redução de complexidade do meio, o que se incompatibiliza com as noções de *input* e *output*.

A segunda característica que salienta a relação entre autorreferência é a imprevisibilidade do Direito. Segundo esta concepção,

---

[63] *Anuário do Programa de Pós-graduação em Direito da Unisinos*, n. 4, 2002.

[64] Luhmann conceitua *Self-reference* como a expressão que: "Designates every operation that refers to something beyond itself and through this back to itself. Pure self-reference that does not take this detour through what is external to it self would amount to a tautology. Real operations or systems depend on an 'unfolding' or de-tautologization of this tautology because only then can they grasp that they are possible in a real envireoment only in a restricted, non-arbitrary way". In: LUHMANN, Niklas. *Ecological Communication*. Cambridge: Chicago University Press. p. 143.

[65] TEUBNER, Gunther. *O Direito como Sistema Autopoiético*. Lisboa: Fundação Calouste Gulbenkian, 1989.

[66] LUHMANN, Niklas. "O Enfoque Sociológico da Teoria e Prática do Direito". In: *Revista Seqüência*. nº 28, Junho, 1994. p. 6

o dogma da segurança jurídica (previsibilidade da aplicação do Direito aos casos concretos) seria incompatível com a autorreferência. Conforme abordou-se acima, a própria ideia de contingência afasta o dogma da segurança jurídica e pode-se vislumbrar a indeterminação diretamente ligada à autonomia do Sistema do Direito. O Direito apresenta uma contínua mutação estrutural, no sentido de satisfação de sua funcionalidade específica. *"Existe* a certeza de que haverá Direito, porém incerteza quanto ao seu conteúdo".[67]

A terceira interpretação proposta por Teubner salienta a circularidade essencial do Direito. Tal perspectiva parte da constatação de que, ao atingir os níveis hierarquicamente superiores, há a impossibilidade de seguir-se adiante, uma vez que há a remessa ao nível hierárquico mais inferior, num estranho círculo ("espiral"), no qual geralmente uma norma processual tenderá a decidir o conflito posto ao sistema jurídico.

O Sistema do Direito é um sistema social parcial que, a fim de reduzir a complexidade apresentada por seu ambiente, aplica uma distinção específica (codificação binária: Direito/Não Direito) através da formação de uma comunicação peculiar (comunicação jurídica). Com isso, a operacionalidade deste sistema parcial tem por condição de possibilidade a formação de uma estrutura seletiva que, reflexivamente, pretende apreender situações do mundo real[68] (meio envolvente) para o sistema parcial funcionalmente diferenciado que é o Direito. O Direito apresenta-se, assim, como um código comunicativo (a unidade da diferença entre Direito e Não Direito), no sentido manter sua estabilidade e autonomia – mesmo diante de uma imensa complexidade (excesso de possibilidades comunicativas) – através da aplicação de um código binário. Isso ocorre porque, a partir do circuito comunicativo geral (sistema social), novos e específicos circuitos comunicativos vão sendo gerados e desenvolvidos até o ponto de atingirem uma complexidade e perficiência tal, na sua própria organização autorreprodutiva (através da aplicação seletiva de um código binário específico), que se autonomizam do sistema social geral, formando subsistemas sociais autopoiéticos de

---

[67] NICOLA, Daniela R. Mendes. "Estrutura e Função do Direito na Teoria da Sociedade de Luhmann". In: ROCHA, Leonel Severo (org.). *Paradoxos da Auto-Observação*. Curitiba: JM Editora, 1997. p. 238.

[68] Assim, pode-se conceber o Direito como a construção de uma "para-realidade, uma *Wirklichkeit,* de complexidade reduzida, em cima de uma realidade propriamente dita". Ver: GUERRA FILHO, Willis Santiago. O Direito como Sistema Autopoético. In: *Revista Brasileira de Filosofia*. São Paulo. n. 163. 1991. p. 190.

segundo grau/sistemas parciais;[69] isto é, sistemas parciais de comunicação específica.

Cada Sistema Parcial passa a integrar/constituir o Sistema Social Geral mediante uma perspectiva própria. Com isso, tem-se um acréscimo no potencial do sistema social para poder enfrentar e reduzir a complexidade que, paradoxalmente, devido a essa especialização funcional, é ampliada. O problema surge, quando, irresistivelmente, tende-se a aplicar a distinção Direito/Não Direito (a qual possibilita o fechamento operacional) à própria distinção, o que repercutiria em conclusões do tipo: "não é Direito dizer o que é Direito/Não Direito". Tal fato causaria um bloqueio no processo de tomada de decisões. Esses bloqueios, por sua vez, denominam-se "paradoxos da autorreferência".

A partir disso, apresenta-se a quarta característica da autorreferencialidade do Direito, cuja perspectiva reflexiva constata que a realidade da prática do Direito é uma realidade circularmente estruturada. Esta interação autorreferencial dos elementos internos (que se dão mediante articulações circulares) acarretam em tautologias que bloqueiam a operação interna. Luhmann explica este problema da seguinte forma:

> Através da aceitação de um código binário (jurídico/antijurídico), o sistema obriga a si próprio a essa bifurcação, e somente reconhece as operações como pertencentes ao sistema, se elas obedecem a esta lei. (...) Se os sistemas se baseiam em uma diferença codificada (verdadeiro/falso, jurídico/antijurídico, ter/não ter), toda a auto-referência teria lugar dentro destes códigos. Opera dentro deles como relação de negação, que excepciona terceiras possibilidades e contradições; precisamente este procedimento que estabelece o código não pode ser aplicado à unidade do próprio código.

E, concluindo de forma "desparadoxizante", afirma o autor: "A não ser: por um observador".[70]

Quando ciente dessa evolução, estar-se-á preparado para reconhecer e identificar todo o conjunto de fenômenos permanentes de autorreferência, paradoxos e contradições que permeiam o sistema jurídico. Esses paradoxos são inerentes à realidade do Direito e não podem ser suplantados por uma simples postura crítica (a qual

---

[69] Neste sentido, pode-se afirmar que o Direito não é um ordenamento de condutas, mas sim, um código de comunicação, conforme, NICOLA, Daniela R. Mendes. Estrutura e Função do Direito na Teoria da Sociedade. In: ROCHA, Leonel Severo (org.). *Paradoxos da Auto-Observação*. Curitiba: JM Editora, 1997.

[70] LUHMANN, Niklas. O Enfoque Sociológico da Teoria e Prática do Direito. In: *Revista Seqüência*. n° 28, junho, 1994. p. 3-4.

apenas demonstra a existência de paradoxos dentro do sistema do Direito), ou por uma tentativa de suplantá-los mediante uma nova distinção; mas, conforme Teubner, por intermédio da constatação de que os elementos que compõe o sistema do Direito – ações, normas, processos, realidade jurídica, estrutura, identificação – constituem-se circularmente, além de vincularem-se uns aos outros também de forma circular.

Destarte, o sistema jurídico, como um sistema autopoiético, apresenta-se ante uma interação autorreferente, recursiva e circular de seus elementos internos (fechamento operacional), os quais, por isso, não apenas se auto-organizam, mas, também, se autoproduzem; isto é, produzem os elementos necessários para a sua reprodução. Assim, suas condições originárias, tornam-se independentes do meio envolvente e possibilitam sua própria evolução. Todavia, Teubner, mais recentemente, tem trabalhado o conceito de policontextualidade como condição para observação do Direito na globalização.[71]

Entretanto, retomando a nossa argumentação, além do sistema efetuar uma autoprodução de seus elementos e estruturas, o próprio ciclo de autoprodução deve ser capaz de se (re)alimentar. "Esta função de auto-manutenção é obtida através da conexão do primeiro ciclo de auto-produção com um segundo ciclo, que possibilite a produção cíclica garantindo as condições de sua própria produção (é o chamado hiperciclo)".[72]

1.10. Forma de sociedade transnacionalizada: novos direitos?

Na atualidade, o Direito atravessa uma outra fase teórica, seguindo Luhmann, que pode ser chamada de autopoiética. Nessa fase mais evoluída, radicaliza-se a sua crítica, graças às concepções de risco e de paradoxo, que apontam interessantes avanços para a discussão a respeito da racionalidade do Direito e da sociedade.

Isso caracteriza a forma de sociedade do terceiro milênio como um sistema social hipercomplexo dominado pela complexidade e pela dupla contingência.[73] Por isso, a produção e imposição do sen-

---

[71] TEUBNER, Gunther. *Direito, Sistema e Policontexturalidade*. São Paulo: Unimep, 2005.

[72] TEUBNER, Gunther. *O Direito como Sistema Autopoiético*. Lisboa: Fundação Calouste Gulbenkian, 1989. p. 48-49.

[73] LUHMANN, Niklas. *Sociologia do Direito*. v. I. Rio de Janeiro: Tempo Universitário, 1972.

tido pelo Direito é extremamente difícil, e se percebe a relevância cada vez maior dos meios de comunicação simbolicamente generalizados como únicos detentores do poder e construção de futuro.

Com a constatação da presença permanente do risco nas decisões, percebe-se o inevitável paradoxo da comunicação na sociedade moderna. Por isso, aquela possui condições de controlar as indeterminações, ao mesmo tempo, que não cessa de produzi-las. A sociedade contemporânea é constituída por uma estrutura paradoxal, na qual se amplia a justiça e a injustiça, o Direito e o não Direito, a segurança e a insegurança, a determinação e a indeterminação. Em outras palavras, nunca a sociedade foi tão estável e nunca a sociedade foi tão instável, pois a lógica binária não tem mais sentido na "paradoxalidade" comunicativa.

Nessa ordem de raciocínio, a pesquisa jurídica deve ser dirigida para uma nova forma de sociedade, centrada no postulado de que a complexidade é uma das categorias fundamentais para a sua observação. A concepção de sociedade de risco torna ultrapassada toda a sociologia clássica voltada, seja para a segurança social, seja a um conflito de classes determinado dialéticamente; como também torna utópica a teoria da ação comunicativa livre e sem amarras. O risco coloca a importância de uma nova racionalidade para tomada das decisões nas sociedades complexas, redefinindo a filosofia analítica, a hermenêutica e a pragmática jurídicas, numa teoria da sociedade pragmático-sistêmica, que desbloqueie a comunicação jurídica.

Na atual forma de sociedade, inequivocamente é relevante a ideia de transnacionalização. A transnacionalização é a união de dois polos espaciais inconciliáveis na lógica tradicional: o local e o universal. Para muitos pareceria a recuperação da dialética, porém não se trata da possibilidade de nenhuma síntese. Trata-se da produção da simultaneidade entre a presença e a ausência, que somente é possível devido a sua impossibilidade. Esse paradoxo é constitutivo da nova forma de sociedade que começamos a experimentar, e, nesse sentido, é um convite a reinventar, uma vez mais, o político e o Direito.

Toda a teoria do Direito está ligada a uma teoria do Estado: Estado de Direito. A matriz teórica analítico-normativista somente é possível a partir de um conceito de validade fundamentado na força obrigatória do poder do Estado. Comparativamente, a matriz hermenêutica é uma derivação dialético-crítica do normativismo. Assim sendo, estas matrizes mantêm uma relação preponderante com a noção estatal de Direito. É fácil perceber, assim, a amplitude das transformações que provoca no Direito a constatação de que o Estado deixou de ser o fundamento único de validade do poder e da lei.[74]

Na perspectiva da teoria sistêmica, vivencia-se, então, uma hipercomplexidade, uma vez que os processos de autopoiese dos sistemas sociais dinamizam-se intensamente para fazer frente a esta desorganização do poder e do Direito. A hipercomplexidade é a possibilidade de recorrer-se a diferentes sistemas para o enfrentamento de questões específicas. As organizações têm a função de tomar decisões a partir de cada sistema (por exemplo, o Poder Judiciário é a organização encarregada de decidir desde o sistema do Direito). Não existe mais a pretensão de se tomar decisões isoladas. As decisões não dependem somente dos indivíduos, mas das organizações.

A programação condicional foi a maneira elaborada pela dogmática jurídica para racionalizar os processos decisórios do Direito estatal. No momento em que o Estado, enquanto programador do Direito, deixa de ser o centro de organização da política, a programação sofre uma perda de racionalidade, recuperando a indeterminação que visa a reduzir. Neste sentido, em muitas questões jurídicas, o Poder Judiciário, em vez de simplesmente aplicar a programação condicional, necessita recorrer a fundamentações extra-estatais. Em outros termos, a quebra de racionalidade do controle do Estado sobre a política faz com que a política invada setores do Direito, forçando o Judiciário a tomar decisões de um outro tipo: a programação finalística.

Na linguagem tradicional, poder-se-ia dizer que a programação condicional caracteriza um sistema fechado e a programação finalística um sistema aberto. Assim, a tendência do Direito seria a de transformar-se em um sistema aberto. Do ponto de vista sistêmico, pode-se afirmar que o sistema do Direito é operativamente fechado e cognitivamente aberto ao mesmo tempo. Em outras palavras, o sistema do Direito é autopoiético: reproduz de forma condicional os seus elementos diferenciando-se de suas consequências cognitivas.

---

[74] Porém, o Estado ainda detém o monopólio em muitas questões chaves da sociedade, dificultando as análises simplistas que afirmam o seu desaparecimento. O Estado continua existindo, ao lado de outras organizações, caracterizando mais um paradoxo; é soberano e não soberano.

O sistema do Direito é constituído por uma lógica que articula a repetição e a diferença. Desse modo, autopoiese não é sinônimo de sistema fechado. É preciso livrar-se das amarras da lógica clássica que, fundamentada no princípio da não contradição, não nos permite pensar a riqueza da alteridade. A complexidade da produção de sentido do Direito como paradoxo torna-se, assim, uma condição para a observação da comunicação do Direito, uma vez que essa constitui-se numa das mais importantes características da nova forma de sociedade.

2. A fase pré-autopoiética do sistemismo luhmanniano

GERMANO SCHWARTZ

A denominada matriz pragmático-sistêmica de Direito, cujas possibilidades e vantagens restam estabelecidas no capítulo anterior, pode ser dividida, para efeitos epistemológicos, em duas fases: (1) a primeira, na qual Luhmann aperfeiçoa, após seus estudos em Harvard, o estrutural-funcionalismo de Parsons. É nessa fase que se colocam conceitos fundamentais para o desenvolvimento da fase posterior, (2) a autopoiética (ou autopoietológica), que representa um avanço em relação à primeira, e que traz consigo as ideias biológicas de Maturana e Varela.

Nesse sentido, o presente capítulo tem por objetivo se ocupar, de forma sucinta e introdutória, como é o objetivo deste livro, do funcional-estruturalismo de Luhmann. De fato, para o Direito, essa é a fase mais elocubrada e bem acabada[1] da teoria dos sistemas sociais de Luhmann. Importa, todavia, perscrutar as origens desse refinado pensamento. Dito de outra forma: cumpre observar a autorreferência luhmanniana para o estabelecimento de seu próprio aparelhato teórico.

---

[1] Como se verá no capítulo posterior, Luhmann falece perto do momento em que estava por finalizar sua monografia específica sobre o Direito autopoiético, o *Das Recht der Gesselchaft*. Assim, é comum dizer que o funcionalismo de Luhmann, no campo do Direito, é mais bem acabado. Ora, isso só se sustenta porque a morte de Luhmann impede o avanço de suas ideias de autocriação para o sistema jurídico. No entanto, não significa dizer que uma fase possa ser considerada superior à outra.

2.1. As raízes sociológico-jurídicas

Sob o ponto de vista luhmanniano, uma descrição suficiente da sociedade e de seus componentes deve ser feita a partir da teoria dos sistemas sociais, ante a insuficiência das teorias sociológicas clássicas frente aos novos questionamentos advindos dos avanços/complexidade sociais. Para tanto, Luhmann[2] refere que a sociologia jurídica clássica possui algumas impossibilidades quando utilizadas para a observação do mundo contemporâneo, especialmente porque, nessa abordagem, o Direito se apresenta como dado posto nas associações humanas. Nesse sentido, não pairavam dúvidas no fato de que a sociedade fosse uma relação de Direito, até mesmo um contrato.

Não se defende, no entanto, que uma sociedade não deve possuir normas jurídicas. Ao contrário, a grande marca das civilizações modernas é a positivação do Direito.[3] Contesta-se, sim, a uniformização. Não se aceita a existência de uma norma jurídica única, válida para todos os tipos de sociedade. O operador do Direito deve perceber a contingência social – contingência jurídica por conexão comunicacional –, e que tal percepção passa por seu objeto. Em outras palavras: o operador do Direito deve entender que para uma tomada de decisão existiram várias outras não escolhidas.

Essa conclusão é dada de forma dialética. Luhmann[4] escolhe algumas matrizes teóricas para, mediante teses e antíteses (Hegel), edificar a construção de seu aparelhato teórico. São eles: Marx, Maine, Durkheim, Weber e Parsons. Em comum, esses autores veem o Direito como a estrutura normativa da sociedade, ou seja, o Direito como evolução societária, e não de sua crescente complexidade. Daí, que o Direito passa a ser determinado por sua referência à sociedade. Com exceção do último – a quem se destacará tópico especial –, os demais passam a ser analisados de forma sucinta, mas com a substância necessária para o esclarecimento das origens do pensamento luhmanniano.

Para *Marx*, nada existe na sociedade, além do homem e da natureza.[5] Mas ambos os elementos, analisados separadamente, podem

---

[2] LUHMANN, *Sociologia do Direito I*. Tempo Brasileiro: Rio de Janeiro, 1983, p. 20

[3] Idem, p. 225 *et seq.*

[4] LUHMANN, *Sociologia do Direito I*, 1983, p. 23.

[5] Ver ARON Raymond. *As Etapas do Pensamento Sociológico*. Trad. Sérgio Bath. São Paulo: Martins Fontes, 2000, p. 156-157

explicar o desenvolvimento das sociedades. Somente sua unidade dialética pode fornecer uma resposta adequada à sociedade. A essa unidade dialética dá-se o nome de produção, obtida mediante o embate entre as forças produtivas e as relações de produção. Desse intermédio, exsurge a mais-valia (e exploração lucrativa do trabalho da classe oprimida), mola propulsora do então emergente sistema capitalista.

Nesse sentido, o Direito em Marx se evidencia na moldura dos interesses dos proprietários, sendo por tais atores administrado. As normas jurídicas representarão papel essencial na fixação das contradições sociais, protegendo e concedendo a propriedade. Assim sendo, a modificação do Direito pode ser dada somente pela revolução.[6] Tem-se, pois, na ótica marxista, uma uniformização do Direito, não condizente com as ideias de Luhmann, uma vez que não pode haver um olhar único para um problema, rechaçando-se a tese de que somente o sentido vai condicionar a sociedade.

Já *Maine*[7] defende que o Direito está condicionado ao *status*. É o *status* de determinado grupo social que influencia o Direito ou vice-versa. Nesse segmento, por exemplo, reside a proibição judaica do casamento entre pessoas não pertencentes ao mesmo credo. Ocorre que o *Direito não está mais tão imediatamente entrelaçado aos traços sociais da diferenciação social*.[8] O Direito não tem como condicionamento único a disposição estamental societária. Pensar assim seria demasiado simplista. Estar-se-ia negando a complexidade social.

Em abordagem diversa, Durkheim verifica que o Direito possui bases não contratuais. Dito de outra forma: o Direito possui bases sociais. Refere o autor:

> Poder-se-ia objetar, é verdade, que as relações sociais podem fixar-se sem tomarem para isso uma forma jurídica. Assim é, quando a regulamentação não atinge um dado grau de consolidação e de precisão; mas nem por isso aquelas relações ficam indeterminadas; em vez de serem reguladas pelo Direito, são-no pelo costume. O Direito não reflete, portanto, senão uma parte da vida social.[9]

Mais, o Direito expressa a solidariedade social. Desenvolve-se de acordo com os movimentos da sociedade, ou seja, conforma-se

---

[6] LUHMANN, *Sociologia do Direito I* , 1983, p. 23.

[7] Idem, p. 24-26

[8] Idem, p. 25-26

[9] DURKHEIM, Émile. Divisão do Trabalho Social e Direito. In: SOUTO, Cláudio; FALCÀO, Joaquim. *Sociologia e Direito*. São Paulo: Pioneira, 1999, p. 103.

à diferenciação social. Nessa esteira, Durkheim vê o Direito como regra moral, expressão de uma solidariedade social.

Todavia, da mesma forma que, em relação aos autores já abordados, Luhmann defende que o problema do Direito *é captado em um de seus aspectos centrais, mas novamente tratado de forma unilateral e, portanto, deficientemente,*[10] uma vez que resta localizado em um plano secundário quando contraposto à sociedade.

Em *Weber*, o Direito é tratado como processo de uma lenta, porém progressiva racionalização,[11] que visa a separar e distanciá-lo dos demais sistemas e estruturas sociais. O Direito moderno, quando comparado ao pré-arcaico diferencia-se deste pelo seu alto grau de racionalização. Essa racionalidade só existirá *quando se definirem os objetivos e se conseguir utilizar os meios necessários para atingi-los.*[12] Com isso, pode pugnar-se pela segurança jurídica através da fórmula meio-fim. Para ele, ainda, o Direito deve ser pensado numa sociedade em ação. Dinâmica. Ação social é decisão. Decidir é ação dinâmica.[13] Mediante sua teoria dos papéis, os atores sociais utilizam-se dos meios racionais necessários para a consecução de seus fins. Tome-se o exemplo do juiz: sua grande função é decidir a respeito do caso posto. Para tanto, ele utilizará todos os meios necessários (processo e procedimento) para sua decisão-fim (sentença).

A respeito da teoria weberiana, a grande crítica feita por Luhmann reside no fato de que Weber nega a interface do Direito com a sociedade, sendo unilateral, e, também por isso, inapta a compreender o mundo contemporâneo.

Nesse sentido, uma interessante observação a respeito da insuficiência da racionalidade jurídica é dada por Krawietz.[14] No mundo moderno, a construção racional do Direito se dá mediante critérios irracionais, constituindo-se em um paradoxo. Exemplificando: em

---

[10] LUHMANN, *Sociologia do Direito I*, 1983, p. 27.

[11] Sobre a racionalização do Direito em Weber, consultar: WEBER, Max. "Weber: textos de Max Weber". In: *Coleção Grandes Cientista Sociais*. Gabriel Cohn (org.); Florestan Fernandes (coord.). São Paulo: Ática, 1982 e WEBER, Max. Ordem Jurídica e Ordem Econômica, Direito Estatal e Direito Extra-Estatal. In: SOUTO, Cláudio; FALCÀO, Joaquim. *Sociologia e Direito*. São Paulo: Pioneira, 1999, p. 117-124.

[12] ROCHA, Leonel Severo. O Direito na Forma de Sociedade Globalizada. In: ——; STRECK, L. L. (Orgs.). *Anuário do Programa de Pós Graduação em Direito Mestrado e Doutorado*. São Leopoldo: Centro de Ciências Jurídicas – UNISINOS, 2001, p 118.

[13] ROCHA, Leonel Severo. *O Direito na Forma de Sociedade...*, 2001, p. 120.

[14] KRAWIETZ, Werner. Direito e Racionalidade na Moderna Teoria do Direito. Trad. Sérgio Cadermatori e Jose Luis Bolzan de Morais. *Revista do Centro de Ciências Jurídicas*. Florinapólis: UFSC, n, 28, ano 15, junho de 1994, p. 30-44.

julgamento de tutela antecipada para fornecimento de medicamentos para pacientes portadores do vírus HIV, o juiz da Sétima Vara da Fazenda Pública da Comarca da Cidade de São Paulo indeferiu o pedido (p. 968/01) sob o seguinte fundamento:

> Não há fundado receio de dano irreparável ou de difícil reparação... Todos somos mortais. Mais dia menos dia, não sabemos quando, estaremos partindo, alguns por seu mérito, para ver a face de Deus. Isto não pode ser tido como dano.

Constatada a utilização irracional da racionalidade-Direito, Febbrajo[15] adiciona que muito da teoria luhmanniana foi construída a partir da oposição a algumas ideias weberianas. Assim:

1) Luhmann abandona a ideia de sistema weberiano, no qual os elementos são as pessoas concretas que mantêm a ordem do sistema. Para ele, os sistemas são ações oportunamente orientadas ao principal problema, que é a manutenção do sistema em um ambiente não totalmente controlável;

2) Para Weber, a crescente burocratização da sociedade leva à crescente burocratização do Direito. No entanto, para Luhmann, esses são momentos independentes na clausura de cada sistema. É a comunicação entre burocracia e Direito que aumenta a complexidade deste último;

3) O tipo ideal weberiano é resultado de uma operação lógica do concreto ao abstrato, fundamentado em uma base histórico-sociológica. Já o tipo ideal luhmanniano *invece il risultato di una operazione logica di aztrazioni successive compiuta sulla base di teorie già di per sè estremamente generali.*[16]

Todavia, existem alguns pontos de aproximação entre ambas as abordagens:

1) Mesmo que se contraponha à ideia da pessoa como centro do sistema, Luhmann traz, de forma mais aprofundada, para sua teoria, o conceito de ação social como decisão. Isto é, a dinâmica do sistema se dá mediante decisões;

2) A concepção de Luhmann do funcionamento da sociedade, em termos de uma relação sistema-meio, retoma, também, o pensamento de Weber – o dualismo racionalidade formal-racionalidade material. O meio ambiente do sistema pode ser considerado o equivalente da racionalidade material. Mas do ponto de vista de

---

[15] FEBBRAJO, Alberto. *Funzionalismo Strutturale e Sociologia Del Dirito nellópera di Niklas Luhmann.* Milano: Dott A. Giuffrè Editore, 1975, p. 24-27.

[16] Ibidem, p. 27.

Luhmann, o meio não se limita à função de municiador do sistema: define também os seus limites de racionalidade. Assim, torna-se contingente e opera como uma espécie de rede pluridimensional e polimórfica.

2.2. A influência de Parsons: o estrutural funcionalismo

A teoria de Parsons[17] teve grande influência no pensamento de Luhmann. Essa teoria tem fortes raízes weberianas,[18] mas traz significativos avanços. Em verdade, Parsons tenta unir o pensamento de Durkheim e Weber, procurando demonstrar que ambos podem ser conciliados na busca de uma sociologia jurídica. Dessa maneira, *toda interação duradoura pressupõe normas, e sem elas não constitui um sistema.*[19] Mais, Parsons descreve e procura refletir a sociedade a partir das ideias de sistemas advindos da Biologia[20] (Maturana e Varela) e da Cibernética (Bertalanffy).[21]

---

[17] Parte de sua formação acadêmica é feita em Harvard, sob a tutela de Talcott Parson. De acordo com ALCOVER, Pilar Jiménez. *El Derecho en la Teoría de la Sociedad de Niklas Luhmann.* Barcelona: J.M. Bosch Editor, 1993, p. 11, em 1960/61 Luhmann "realiza estudios de Sociologia General y Sociologia de la Administración en la Universidad de Harvard, donde entra en contacto con Talcott Parsons". Sobre o período em Harvard, Luhmann refere que foi fundamental para a construção de sua teoria, especialmente o contato com Parsons. A respeito, Guibentif transcreve: "J'ai appris à Harvard à m'integrer à l'architecture de la théorie de Parsons, en la travaillant, et cela de m'a beaucoup apporté". GUIBENTIF, Pierre. Entretien avec Niklas Luhmann, 1985. In: ARNAUD, A-J.; GUIBENTIF, P. (prgs.). *Niklas Luhmann Observateur du Droit.* Collection Droit et Société – n. 5. Paris: Librairie Générale de Droit et de Jurisprudence, 1993, p. 179.

[18] Como o próprio autor sustenta: "Este livro foi escrito de acordo com o espírito de trabalho de Weber, mas tenta incorporar os desenvolvimentos da teoria sociológica e de outros campos, aparecidos nos últimos cinqüenta anos". PARSONS, Talcott. *O Sistema das Sociedades Modernas.* Trad. Dante Moreira Leite. São Paulo: Livraria Pioneira, 1974. p. 12.

[19] LUHMANN, *Sociologia do Direito I* , 1983, p. 31.

[20] Nesse sentido, ver: MATURANA, Humberto R; VARELA, Francisco J. *A Árvore do Conhecimento:* as bases biológicas da compreensão humana. São Paulo: Palas Athena, 2001. MATURANA, Humberto R; VARELA, Francisco J. *De Máquinas e Seres Vivos: Autopoiese – a Organização do Vivo.* São Paulo: Palas Athena 1997.

[21] Para este autor, a *"cibernética* es una teoria de los sistemas de control basada en la comunicación (transferencia de información) entre sistema y medio circundante, y dentro del sistema y en el control (retroalimentación) del funcionamiento del sistema en consideración al medio". BERTALANFFY, Ludwig Von. *Teoria General de los Sistemas.* México DF: Fondo de Cultura Económica. 13 reimpresión, 2001, p. 20. Extrai-se dessa afirmação que Bertallanfy compreende o sistema como um conjunto de elementos em permanente comunicação/interação, em que ele – o sistema – reage como um todo às pressões internas e externas. Ainda sobre a ideia de teoria sistêmica de Bertalanffy, interessante ver os apontamentos de ROCHA, Leonel Severo. "Direito, Cultura Política e Democracia I". In: ——; STRECK, L.L. (Orgs.).

Na ideia de sistemas parsoniana, aparece como central a ideia de ação social, elemento essencial do pensamento weberiano. Sobre essa igualdade, Luhmann[22] ressalta que as teses de Parsons podem ser classificadas como variações da fórmula: ação é sistema. Mas ao contrário dos autores pós-weberianos, Parsons não conjuga a ação com o indivíduo, e sim, com o sistema, de tal forma que a ação somente pode ser compreendida sob a forma sistêmica. Para Parsons, os sistemas "agem", já para Weber, quem age, em última análise, é o indivíduo. Logo, ao contrário de Weber – que acredita na dotação de significado das ações –, Parsons defende que a ação é orientada por algo que obtém padrões supraindividuais (a estrutura). Por fim, se os sistemas agem, pode-se conceber a ideia de sistemas independentes, específicos e complexos, mas interdependentes e subordinados a um sistema social mais geral: a sociedade.

Entretanto, acompanhando-se o raciocínio de Arnaud e Fariñas Dulce,[23] conjuntamente com o de Febbrajo,[24] pode-se, para efeitos de contraposição à teorética luhmanniana, denominar a teoria parsoniana de *estrutural funcionalista,* muito embora o próprio Luhmann admita que esta é uma generalização com efeitos de distinção entre ambas as teorias.[25]

O ponto de partida do estrutural funcionalismo é dado pela existência das estruturas em um sistema.[26] A partir desse pressuposto, é possível indagar que funções seriam necessárias para a preservação e a manutenção das estruturas. Com efeito, a teoria parsoniana é um método de raízes ontológicas, enquanto a de Luhmann possui raízes em equivalências funcionais. Nesse sentido, pode-se entender a sociedade como uma espécie de sistema

---

Anuário do Programa de Pós Graduação em Direito Mestrado e Doutorado. São Leopoldo: Centro de Ciências Jurídicas – UNISINOS, 2000, p. 153.

[22] LUHMANN, Niklas. *Introducción a la Teoría de Sistemas.* Lecciones Publicadas por Javier Torres Nafarrate.Barcelona: Anthropos; México DF: Universidad Iberoamericana; Guadalajara: ITESO, 1996, p. 31.

[23] "A versão mais importante da teoria funcionalista foi a dada por Talcott Parsons, com o que, mais tarde, se chamou de *paradigma do estruturalismo funcionalista.*". ARNAUD, A.-J; DULCE, M.J.F. *Introdução à Análise Sociológica dos Sistemas Jurídicos.* Rio de Janeiro: Renovar, 2000. p. 158.

[24] "Luhmann attribuisce al proprio aprccio la denominazione 'funzionalismo strutturale' per sottolinearne la contrapposizione allo 'strtturalismo funzionale' di Parsons". FEBBRAJO, *Funzionalismo Strutturale...,* 1975, p. 29.

[25] Ver nota de rodapé n° 3 em LUHMANN. *Introducción a la Teoría de Sistemas,* 1996, p. 28.

[26] A existência de estruturas não é discutida. Parsons pressupõe "a existência de facto de determinadas estruturas en los sistemas sociales, a partir de los cuales se podría preguntar qué funciones serían necesarias para su preservación y mantenimiento". Idem, p. 28.

social caracterizada pelo nível mais avançado de autossuficiência em relação ao seu ambiente,[27] no qual os indivíduos interagem. É, claramente, uma metáfora organicista da sociedade,[28] cujas estruturas são tidas como os órgãos – no sentido biológico – componentes do sistema social. Elas são orientadas em função da estabilidade sistêmica, pois o sistema depende, para sua continuidade, de um processamento de *inputs* e/ou recepções que o atingem mediante intercomunicação com os elementos (sistemas) circundantes. Ainda, o sistema social tem de se realimentar em um *feedback* provocado pelo anterior *input,* resultando em um eventual *output* que se intercomunica com outros subsistemas.

A respeito da lógica do funcionamento dos sistemas na vertente parsoniana, recorda Rocha:

> Até quando um sistema provoca interferência em outro sistema seria porque ele estaria produzindo, *inputs,* influências externas a este sistema, e este teria, de alguma maneira de se realimentar, num *feedback,* para recuperar ou filtrar essas influências e, a partir de outputs, comunicar-se com outros sistemas.[29]

A socialização vem a ser o fenômeno que possibilita o momento estrutural de conservação do sistema, ou seja, seu ponto de equilíbrio. Ela pode ser concebida como o *meio pelo qual se transmite aos indivíduos as regras de conduta a serem seguidas no seu comportamento social.*[30] Depreende-se desse conceito que as estruturas são pré-orientadas e, mais, predeterminadas a certos objetivos que deverão ser alcançados.

Com isso, segue-se que o Direito poderia ser visto como uma meta do sistema social. Uma estrutura que o compõe, com determinado papel e com funções previstas anteriormente ao fato que lhe interessa, formando um sistema uno e coeso. Como refere o próprio Parsons, um dos maiores papéis de um sistema social é o de *articular um sistema de normas com uma organização coletiva que tenha unidade e coesão.*[31]

Nessa esteira, a estrutura tem mais relevo do que o próprio sistema social. No caso do subsistema jurídico, lei e Poder Judiciário são encarados como elementos a manter única e exclusivamente o equilíbrio sistêmico. A lei obrigaria a conduta humana. Caso

---

[27] Cf. PARSONS, *O Sistema das Sociedades Modernas,* 1974, p. 19-20.

[28] Para maiores detalhes ver ARNAUD e DULCE, op. cit., p. 158.

[29] ROCHA, Leonel Severo. *O Direito na Forma de Sociedade...,* 2001, p. 124.

[30] ARNAUD; DULCE. *Introdução à Análise Sociológica...,* 2000, p. 146.

[31] PARSONS, *O Sistema das Sociedades Modernas,* 1974, p. 23.

infringida, o Poder Judiciário anularia a instabilidade provocada mediante decisão estabilizadora (obrigatoriedade da aplicação do diploma legal).[32]

Contra essas ideias, podem-se opor algumas críticas:

1) É uma estratégia excessivamente conservadora, uma vez que a predeterminação de suas estruturas, tendentes ao equilíbrio do sistema social, adapta-se às justificativas que impedem as mudanças sociais. Essa invariabilidade estrutural teria como consequência a manutenção da ordem posta sem a preocupação com eventuais imperfeições e/ou injustiças.

2) Ao delimitar que as estruturas possuem determinação anterior, Parsons revê a teoria dos papéis de Weber, na qual os atores sociais já sabem por que motivos atuam, como atuam e seu papel na sociedade. Essa função passa a ser exclusiva das estruturas. Evita-se o problema sujeito-objeto. Sem dúvida, é uma construção genial. Todavia, *tem como preço sua redução a um aparato conceitual analítico e, em última instância, o rebaixamento do problema a um dos componentes da ação.*[33]

3) Para Parsons, são as falhas no processo de socialização que levam ao descumprimento das normas, ou seja, aos comportamentos desviados. Daí que o homem já possui, ínsito, um comportamento do qual não pode se despreender. Para Arnaud e Fariñas Dulce,[34] não se considera a possibilidade de que o desvio da norma possa ser um problema estrutural. Admite-se, unicamente, ser o cumprimento normativo somente um erro ocasional que instabiliza o sistema.

---

[32] Ainda sobre a questão do Direito no modelo parsoniano, o autor verifica que o Direito é um subsistema integrativo, em que se torna absoluta a necessidade do entendimento de suas estruturas, a saber: tribunais de apelação e legislação. As normas, objeto da instabilidade/estabilidade sistêmica nem sempre são funcionalmente adequadas, ou seja, não se dirigem ao objetivo central da estrutura (estabilidade). Os tribunais, por seu turno, possuem, basicamente, três grandes problemas: a interpretação da norma, para quem interpretar e as sanções/execuções de suas decisões. Nessa dicotomia interacional, ocorrerá a desejada estabilidade estrutural do sistema jurídico. Com maiores detalhes, consulte-se PARSONS, Talcott. Estruturas com Primazia Integrativa e Estágios na Evolução de Sociedades. In: SOUTO, C.; FALCÃO, J. *Sociologia e Direito*. São Paulo: Pioneira, 1999, p. 175-180.

[33] LUHMANN, Niklas. "O Enfoque Sociológico da Teoria e Prática do Direito". Trad. Cristiano Paixão, Daniela Nicola e Samantha Dobrowolski. In: *Seqüência*, n. 28, junho/1994. p. 16-17.

[34] ARNAUD; DULCE. *Introdução à Análise Sociológica...*, 2000, p. 146.

De outra banda, Amado[35] aponta algumas diferenças entre Parsons e Luhmann no que tange à composição de suas respectivas ideias de sistemas sociais:

1) Contra a orientação analítica de Parsons, tendente a decompor a ação em seus ingredientes conceituais de base, Luhmann vai propor uma explicação em que o horizonte último do sistema não seja a ação. Ela passa a ser princípio gerador bem mais profundo da realidade social, donde a ação será consequência.

2) À ideia da predeterminação estrutural parsoniana, Luhmann defende sua impossibilidade. O que é predeterminado são as funções do sistema.

3) Para Parsons, o indivíduo é sempre o agente social por excelência, e sua consciência, o centro da autorreferência dos sistemas sociais. Já para Luhmann, o papel fundamental do sistema é dado pela comunicação.

4) Por fim, Parsons vê, nos meios de comunicação simbolicamente generalizados, a consequência da diferenciação funcional dos sistemas, enquanto para Luhmann eles são os catalisadores dessa diferença.

No entanto, imperativo consignar que algumas das hipóteses de Parsons vão, sobremaneira, influenciar o funcionalismo estrutural luhmanniano. Entre elas, as mais latentes são:

1) A releitura de Weber a respeito da teoria dos papéis e do seu conceito de ação. No entanto, para Luhmann, ao contrário de Parsons, a ação se converte em uma *relación entre acciones unitárias definidas detalladamente, las que se constituyen – a su vez – em unidade como "médios-para-un fin"*[36] (funcional estruturalismo).

2) A dinamicidade do sistema social e de seus subsistemas, e

3) sua independência funcional interdependente e conjugada com os demais sistemas.

Dessa maneira, cabe, neste momento, apurar e verificar a ideia de Luhmann a respeito da teoria dos sistemas sociais, pois é a partir delas que se erigirá o marco conceitual que permite a melhor com-

---

[35] AMADO, Juan Antonio García. La Société et le Droit Chez Luhmann. In: ARNAUD, A-J.; GUIBENTIF, P. (orgs). *Niklas Luhmann Observateur du Droit*. Collection Droit et Société – n. 5. Paris: Librairie Générale de Droit et de Jurisprudence, 1993. p. 139-140.

[36] LUHMANN, Niklas. *Organización y Decisión. Autopoiesis, Acción y Entendimiento Comunicativo*. Introducción de Darío Rodríguez Mansilla. Barcelona: Anthropos; México: Universidad Iberoamericana; Santiago de Chile: Instituto de Sociología. Pontifícia Universidad Católica de Chile, 1997. p. 113.

preensão – pelos motivos a seguir expostos – do tratamento jurídico do risco no direito à saúde.

2.3. O funcional estruturalismo de Luhmann

Tendo em vista as diferenças em relação à teoria de Parsons, Luhmann inverte a lógica do paradigma estrutural funcionalista. Semanticamente, transmuda o binômio, denominando-o de funcional estruturalista. Com esta simples mudança, traz novas ideias e outros elementos que tornam sua teoria única. Dessa forma, o sistema está orientado a partir de sua função, seu elemento essencial e fundamental, como refere Amado:[37] *le facteur fondamental dans la constitution d'un systéme social se trouve dans sa fonction.*

Entendido dessa maneira, o método funcional estruturalista de Luhmann privilegia a contínua modificação da estrutura, que deve ser visto como a *pré-seleção de possíveis relações entre os elementos admitidos em dado momento.*[38] Dessa maneira, ao término, a função será satisfeita. A estrutura não é mais o eixo de condição da compreensibilidade do sistema. Essa posição é ocupada pela função, que pode ser compreendida como *um esquema de confrontación entre varias soluciones a problemas, soluciones que aparecen como intercambiables en cuanto que son equivalentes con respecto a la función misma.*[39]

A função não é entendida somente como um efeito a se produzir, mas como um esquema de sentido regulativo que torna mais amplo o universo de observação/comparação entre prestações equivalentes.[40] Nessa linha de raciocínio, o equifuncionalismo de Luhmann leva a uma especial sensibilidade do sistema, que, perante soluções distintas, consegue soluções equivalentes. É assim que a análise funcional estruturalista pressupõe o reconhecimento das diferenças mediante informação/comunicação. Com ela, pode-se

---

[37] AMADO. *La Société et le Droit...*, 1993, p. 109.

[38] ROCHA, Leonel Severo. *Paradoxos da Auto-Observação: percursos da teoria jurídica contemporânea.* Curitiba: JM Editora, 1997, p. 31.

[39] CORSI, G; ESPOSITO, E.; BARALDI, C. *Glosario sobre la teoría Social de Niklas Luhmann.* Prefacio de Niklas Luhmann. Traducción de Miguel Romero Pérez y Carlos Villalobos. Bajo la coordinación de Javier Torres Nafarrate. Barcelona: Anthropos; México DF: Universidad Iberoamericana; Guadalajara: Iteso, 1996, p. 86.

[40] Com a mesma posição, ALCÓVER. *El Derecho en la Teoria...*, 1993, p. 53.

perceber o existente como contingente e o diverso, como comparável.[41] A respeito, lembra Habermas:

> El análisis funcionalista debe situarse, por tanto, en niveles situados por debajo del problema abstracto de la conservación y elegir unidades de referencia más especiales. Los problemas que de esas unidades más especiales de referencia se obtienen pueden a su vez reformularse como problemas funcionales de referencia y elegirse como punto de partida de un ulterior análisis.[42]

A partir desse encadeamento entre as unidades de referência, pode-se dizer que a resposta para um problema não está na relação questionamento/solução. Esse interrogante serve apenas para demonstrar possibilidades outras. Os problemas são apreendidos a partir de fatos funcionalmente equivalentes. Nessa linha, não há que perquirir sobre condutas desviadas, mas sim, confrontar os âmbitos sistêmicos de flexibilidade e capacidade de adaptação das várias resoluções de um problema, em uma orientação visando às equivalências funcionais.

Essa reorientação se deve, basicamente, ao fato de Luhmann entender que uma mesma função pode ser realizada a partir de causas ou estruturas diversas, ou, ainda, que a mesma função é capaz de ser desenvolvida de maneira equivalente por estruturas diferentes,[43] ao que se pode denominar de equifuncionalismo. Assim, Luhmann *non considera più le strutture sociali come dati ultimativiti, ma si chiede, da un ponto di vista funzionale, quale sia il loro senso in determinate situazioni.*[44]

Com isso, a análise do sistema social toma outro ponto de partida: deve-se rechaçar a estrutura ontológica, apriorística e objetiva de Parsons. No lugar dessa concepção, Luhmann propõe um conceito em que *a dependência "funcional" ultrapassa toda sorte de dependências "causais".*[45] Obtém-se, daí, a expansão (em geral) e a limitação concreta do equifuncionalismo. Em outras palavras: expande-se o campo de observação do possível.

Vem desse fato uma das grandes características do arcabouço teórico luhmanniano. Em verdade, abandona-se o ideal do ne-

---

[41] Cf. LUHMANN, Niklas. *Sistemas Sociales:* lineamientos para una teoría general. México: Anthropos: Universidad Iberoamericana; Santafé de Bogotá: CEJA, Pontificia Universidad Javeriana, 1998, p. 71.

[42] HABERMAS, Jürgen. *La Lógica de las Ciencias Sociales.* 3ª ed. Madrid: Tecnos, 1996, p. 327-328

[43] Maiores detalhes a respeito ver ALCÓVER, *El Derecho en la Teoria....*, 1993, p. 53-54.

[44] FEBBRAJO. *Funzionalismo Strutturale...*, 1975, p. 30.

[45] ARNAUD; DULCE, *Introdução à Análise Sociológica...*, 2000, p. 165.

cessário desvelamento das verdadeiras causas de um problema, e procura-se sua resolução em suas funções e estruturas. Isso porque, na sociedade atual, existem sistemas sociais extremamente desenvolvidos, o que impossibilita o mapeamento causal de sua gênese, muito menos, as leis de seu desenvolvimento.[46] Logo, em uma análise sistêmica – *e al giurista interessa il diritto della società*[47] – torna-se bastante improvável que um jurista consiga uma descrição suficiente de uma lide, por exemplo, face à complexidade atual, tomando como base o método causal. Já, com o método funcionalista, o jurista terá um campo maior de abrangência para decidir entre o que poderia ou não ter sido decidido.

Nessa linha de raciocínio, a comparação com outras possibilidades funcionalmente equivalentes pode registrar a relação problema/solução, tornando-a menos insegura sob a forma, por exemplo, de alternativas impossíveis. Essa dialética torna legitima a ação praticada com esse intento. Desse modo, a análise funcional *traslada lo conocido y lo familiarizado, es decir, las funciones manifiestas (fines) y las estrutucturas al contexto de otras posibilidades.*[48]

A orientação por funções – ou análise funcional estruturalista – é, em última instância, um método comparativo, que visa a demonstrar o que está encoberto. Dessa forma,

> su introducción en la realidad sirve para abrir lo existente a una mirada de reojo a otras posibilidades. En el fondo, comprueba relaciones entre relaciones: remite el objeto a un ponto de vista del problema para poder remitirlo a outras soluciones del mismo.[49]

A eleição da problemática que transparece e sustenta a unidade de diferença entre o conhecimento (Direito) e objeto (caso posto), resulta na impossibilidade de garantias absolutas, pelo que a análise funcional, muito mais do que método, passa a ser teoria de cognição.

---

[46] Sobre o tópico, assinala PINTO, Cristiano Paixão Araujo. *Modernidade, Tempo e Direito*. Belo Horizonte: Del Rey, 2002, p. 175-176: "Num contexto social de sistemas desenvolvidos funcionalmente, todas as causas da conservação dos sistemas são necessárias para explicar a duração dos próprios sistemas. Assim, as teorias ligadas estritamente a leis causais (como as teorias dos fatores) restringiram drasticamente o horizonte da investigação sociológica. A constatação dessa insuficiência, segundo *Luhmann*, é o fato de que as teorias dos fatores sequer conseguiam alcançar o grau da complexidade observada nas situações sociais verificadas e vividas no cotidiano".

[47] LUHMANN, Niklas. *La Diferenziazione del Diritto*. Milano: Mulino, 1990, p. 218.

[48] LEHMANN. *Sistemas Sociales...*, 1998, p. 74.

[49] Idem, p. 72.

Exsurge, nesse contexto, a importância da observação. Nessa lógica, a grande contribuição de Luhmann reside na proposição de que a única realidade é a realidade das observações, ou, em outras palavras, a pergunta sobre o que é real somente é possível porque existe um observador que a faça, e o "real" somente existirá enquanto observação. Com outras palavras: somente o observador é capaz de fazer a comparação equivalente das funções que compõem um sistema.

Mas, para tal intento, é necessário um arcabouço teórico mais sofisticado, *capaz de estar a la altura de los planteamientos problemáticos que hoy se enuncián bajo la noción de posmodernismo.*[50] Como sustenta Luhmann,[51] a relação entre a análise funcional e a teoria do sistema está no fato de que o verdadeiro postulado teórico que permite a aplicação do método funcional reside na construção do problema.

Os dados centrais da análise das equivalências funcionais não são fornecidos pelo método funcionalista, mas sim, pela teoria dos sistemas.[52] Amplia-se, desse modo, o que se pode observar, uma vez que a tomada de análise das funções equivalentes aos problemas do sistema deve ser estabelecida mediante uma diferenciação (confrontação) entre sistema e ambiente, a ser feita pela figura do observador. Ainda, a teoria dos sistemas sociais de Luhmann permite compreender a totalidade da sociedade, porém não indica como tais elementos devem ser (dever-ser jurídico kelseniano). Apenas procura compreender e descrevê-los a partir de um instrumental teórico poderoso, mas que não esgota o social e não pretende dar a observação última.

Nesse diapasão, a importância de se estabelecer o Direito como subsistema autônomo se dá pelo fato de que tal subsistema criou uma rede recursiva interna e universal que o diferencia do entorno, de tal forma que se enclausurou operativamente e vai ser o úni-

---

[50] LEHMANN. *Introducción a la Teoría de Sistemas,* 1996, p.59.

[51] LEHMANN. *Sistemas Sociales...,* 1998, p. 73.

[52] Sobre a relação teoria dos sistemas *x* análise funcional (equivalência de funções), referem ARNAUD e DULCE, *Introdução à Análise Sociológica...,* 2000, p. 165: "Aqui se acha, justamente, a determinação, o "nó górdio" do método proposto por Luhmann, que é a determinação das equivalências funcionais. Luhmann resolve essa questão não pelo método funcional, mas apelando para a teoria sistêmica". Refere também MACERATINI, Arianna. *Procedura come Norma:* riflessioni filosofico-giuridiche su Niklas Luhmann. Torino: G. Giapichelli Editore, 2001, p. 31, que "il *funcionalismo struturalle,* come analisi e metodo funciónale (*funktionale Analyse; funktionale Methode*) è il criterio di ricerca applicato da Luhmann alla teoria dei sistemi".

co subsistema responsável por problemas relativos à sua unidade, conseguindo, dessa forma, uma diferenciação funcional.

Com isso,

La teoría de sistemas le permite contar con un conjunto integrado de conceptos, cuya pretensión de ser aplicable a todo lo social, lo hace particularmente adecuado para enfrentar el desafio de participar en una teoría capaz de dar cuenta de la sociedad globalizada, pero también de los fenómenos próprios de los diferentes subsistemas sociales que tienen lugar en ella.[53]

Portanto, a questão do Direito, sob o perscrutamento funcionalista estrutural, em observar a unidade da diferença das funções equivalentes que compõem esse subsistema. Trata-se, pois, de comparar a função do sistema jurídico (Direito/não Direito), para que se possa (re)descobrir possibilidades outras que tornem possível a (re)construção de sentido de seu objeto.

2.4. O sistema social

Luhmann parte do pressuposto da real existência dos sistemas,[54] retirando qualquer dúvida gnosiológica a respeito. Nesse sentido, toda e qualquer análise/conceito de sociedade deve partir da faticidade dos sistemas.

Falar de sociedade é referir-se a sistemas. É mediante a estruturação sistêmica que se torna possível identificar a equação da problemática da (im)possibilidade da ordem social e jurídica. A já referida inexistência axiológica da existência dos sistemas leva à possibilidade de se alargar o campo do possível. Ao contrário do que alguns filósofos e operadores do Direito propugnam, o sistema jurídico não pode ser visto como um sistema heteropoiético (Ferrajoli) e incomunicavelmente fechado (positivismo kelseniano). Isso nega mobilidade a um problema extremamente dinâmico, além de dar menos visibilidade ao que necessita ser visualizado. O Direito deve ser analisado sob a ótica sistêmica, que amplia o seu campo de atuação e o faz ser pensada como algo muito maior, mais con-

---

[53] MANSILLA, Darío Rodríguez. La Teoría de la Sociedad: invitación a la sociología de Niklas Luhmann. In: *Metapolítica*, vol. 5, n. 20, Mexico DF, p. 42-43.

[54] Para maiores detalhes, ver LUHMANN, Niklas. *Sociedad y sistema: la ambición de la teoría.* Barcelona: Ediciones Paidós, 1990, p. 41 *et. seq.*

textual[55] e mais complexo do que sua hierarquização e forma de análise verticalizada/organizacional.

Por outro lado, é o sistema que possibilita a diferenciação do Direito. Os subsistemas parciais (Direito, saúde, educação, política...) adquirem uma tal forma de especificidade universal, que a reunião de suas características funcionalmente diferenciadas com os demais subsistemas do sistema global da sociedade complexifica suas (im)possibilidades, ainda que não se pretenda a complexidade como algo impeditivo.

2.4.1. A complexidade e a contingência

Pode-se referir que as ideias ultrapassadas da sociologia jurídica não se conformam aos sistemas macro e complexos do mundo moderno. Para que haja uma postura que ultrapasse os pré-conceitos estabelecidos a respeito, a complexidade deve ser entendida como *a totalidade das possibilidades de experiências ou ações, cuja ativação permita o estabelecimento de uma relação de sentido.*[56]

Dita ativação consiste no fato de se pressupor que a opção por uma alternativa tem como decorrência necessária a não tomada da alternativa contrária. Isso significa que, no Direito, ao existir uma norma, deve-se analisar também não somente o permitido, mas sim, o proibido. Essa noção faz existirem mais possibilidades inimagináveis e uma necessária "complexidade paradóxica da possibilidade/não possibilidade como fechamento do sistema jurídico. Com isso a estrutura pode aumentar a complexidade de um sistema social no sentido de que, apesar da limitação recíproca das possibilidades, no total dispõe-se de mais possibilidades para uma escolha sensata".[57]

Todavia, e o mais interessante, é essa exclusão necessária ser condição *sine qua non* para que um ordenamento mais elevado seja construído e, ao mesmo tempo, é o que torna heterogêneo o siste-

---

[55] A respeito da contextualidade da ótica contextual da sistêmica CAPRA, Fritjof. *A Teia da Vida*: uma nova compreensão científica dos sistemas vivos. São Paulo: Cultrix, 1996, p. 41, diz que: "o pensamento sistêmico é 'contextual', o que é o oposto do pensamento analítico. A análise significa isolar alguma coisa a fim de entende-la; o pensamento sistêmico significa coloca-la no contexto de um todo mais amplo".

[56] LUHMANN. *Sociologia do Direito I*, 1983, p. 12.

[57] Idem, p. 13.

ma. Nessa linha de raciocínio, a complexidade vai determinar a diferença, o sistema e seu entorno.

Lembra Amado[58] que a ideia da complexidade traz consigo o ensejo de que o campo ilimitado do mundo do possível (paradoxo) não é um mundo real. Com isso, serão as equivalências funcionais as responsáveis pela possibilidade fática do desvelamento dado pela observação.

A complexidade é, então, reconstruída a partir de outro prisma: a de sua redução. É sua redução que, paradoxalmente, permite a evolução social, e mais: é o que permite toda a origem da interação social.[59] No entanto, o problema da interação social não pode ser embasado na hipótese de que a complexidade se dá quando dois indivíduos se comunicam.[60] Deve-se entender o problema da contingência não somente como um problema a ser enfrentado, mas como uma questão que gera maiores possibilidades para sua própria resolução.[61]

O mundo apresenta mais possibilidades do que o senso humano pode perceber. O mundo é complexo demais para sua capacidade sensitiva. A *contingência* reside no fato de que *as possibilidades apontadas para as demais experiências poderiam ser diferentes das*

---

[58] AMADO. *La Société et le Droit...*, 1993, p. 103.

[59] Ibidem, p. 104 "Mais complexité ne signifie pas seulement évolution. Elle est également présent au commencement de tout ordre, à l'origine de tout interaction sociale".

[60] Na teoria sistêmica a comunicação é dada entre sistemas sociais, enquanto os indivíduos atuam nos sistemas psíquicos. Ao contrário das críticas a essa posição, especialmente as habermasianas, pode-se dizer que este é um neoiluminismo. O homem é observado por sua capacidade em reduzir complexidade e, assim, reconstruir um novo sentido. O homem passa a ser ambiente/entorno do sistema. Ele irrita e estimula o sistema. Muito maior do que o próprio sistema, portanto. Se os sistemas se diferenciam a partir da diferença entre o âmbito social (entrono), e se o homem é o ambiente em que se inserem os sistemas, e se essas comunicações se orientam para o sistema, no fim, circularmente, o homem resta interconexo com tudo. No entanto, o social não surge do homem. É uma aquisição evolutiva que o precede. Entre o ser humano e a sociedade, existe um acoplamento estrutural, de tal sorte que a evolução encontrou na comunicação da sociedade seu meio de socialização. De outra banda, o homem opera mediante consciência, um âmbito altamente improvável. Para fazer uma seleção, o homem procede de forma binária: sim/não; consenso/dissenso; paz/guerra. Essa subjetividade torna impossível a construção do social. O mundo individual é contingente: "Lo que era para uno (ego) es así,para el otro (Alter) puede ser de diversa manera". NAFARRETE, Javier Torres. "La Arquitetura de la Teoria de Niklas Luhmann". In: *Metapolítica*. México – DF, v. 2, n. 8, p. 662. Ato contínuo, o social rumaria ao infinito de possibilidades, quase impossíveis de coincidir. Ademais, a sociedade como consenso comunicativo de sujeitos pressupõe total simetria de subjetividade política. Uma utopia.

[61] Observa a respeito LUHMANN, Niklas. *Il Sistema Educativo: problemi di riflessività*. Roma: Armando Editore, 1988, p. 93-94: "La formula di contingenza adatta allá situazione odierna non sideve soffermare sul semplice criticare, ma sul poter apprendere".

esperadas.[62] Disso se deduz que a contingência possui, intrínseca, a possibilidade de desapontamento. Exemplificando: duas pessoas estão prestes a se conhecer. Cada um determina suas condutas mediante observações recíprocas. "A" observa "B" e resolve comportar-se "X". "B" observa e resolve comportar-se "X" (mas poderia se comportar "Y"). Por uma simples suposição, geram certeza de realidade (assim como poderiam ter gerado incerteza). Estabelecem seus limites a partir de si mesmos. E mediante as ações de um e de outro, podem estabelecer ações outras que levarão a ação de ambos (o casamento). A dupla contingência, é, portanto, estabelecimento dos próprios limites em relação ao objeto a partir do próprio objeto, conseguindo-se expectativas razoavelmente seguras de um futuro em aberto.

2.4.2. A comunicação

> *La societé se compose de comunnications,*
> *seulement de communications et de tout*
> *les communications.*[63]

A sociedade é o conceito mais amplo da teoria luhmanniana, incluindo todos os fatores componentes da teoria dos sistemas. É dizer: o sistema social inclui todo o social.

Como assevera Luhmman,

> la sociedad es el concepto social más amplio, incluye todo lo social y, por consiguiente, no conoce ningún entorno social. Si se agregan factores sociales, si surgen interlocutores o temas de comunicación novedosos, la sociedad crece, pues esos factores arraigan en la sociedad, no pueden ser externalizados ni tratarse como una cosa de un entorno, ya que todo lo que es comunicación es sociedad.[64]

Portanto, a sociedade é comunicação. E tudo o que se comunica faz parte da sociedade ou é sociedade. A sociedade é uma realidade com clausura autorreferencial ordenada de forma autossubstitutiva, de vez que tudo que deve ser substituído ou mudado, em seu interior, deve ser mudado ou substituído a partir de seu próprio interior. É assim que a sociedade se comunica, se transforma e se

---

[62] LUHMANN. *Sociologia do Direito I* , 1983, p. 45.

[63] AMADO. *La Société et le Droit...*, 1993, p. 106.

[64] LUHMANN, *Sistemas Sociales...*, 1998, p. 408.

complexifica. Dessa forma, a sociedade é tida como o sistema global da comunicação.[65] E a comunicação é a síntese da informação, do ato de comunicação e da compreensão. Ou, como lembra Leonel Severo Rocha, *comunicação é a capacidade de repetir as suas operações diferenciando-as de suas observações.*[66]

Além disso, sem comunicação não se pode pensar em sociedade. E ainda, somente pela sociedade será possível estabelecer comunicação. A sociedade é, pois, um sistema fechado, composto unicamente de comunicações entre pessoas.[67] É unicamente a comunicação que diferencia a sociedade de seu entorno e, logo, dos demais sistemas.[68] Isso se deve ao fato de ela produzir comunicação pela comunicação, e, também, graças à sua operação recursivamente fechada, estabelecer seus limites.

E se não bastasse isso, vale lembrar que a comunicação é uma porta que se abre às possibilidades, condensando-as, delimitando o que é factível evolucionalmente, referindo formas pré-estruturadas. Tais formas servem de ponto de partida para a comunicação individual, que só é possível por um anterior sistema comunicacional. Exemplifica-se, aqui, o caso de uma consulta médica, em que somente se torna realizável a percepção da doença através do *medium* linguagem preestabelecido: tanto a linguagem como o pré-conhecimento dos termos médicos por ambas as partes.

Disso tudo, resulta uma disposição evolutiva palpável,[69] que faz com que a comunicação limite a complexidade indeterminável e não manipulável da sociedade, pré-configurando o campo das possibilidades que nela podem ser realizados. Com isso, quer-se dizer que a comunicação precede aos sujeitos, tornando-se seleção de sentido que estabelece seu próprio limite.

---

[65] Cf. LUHMANN; DE GIORGI, *Teoria della Società.* Milano: FrancoAngeli, 2000. p. 45 *et. seq.*

[66] ROCHA, Leonel Severo. "Direito, Cultura Política e Democracia I". In: ——; STRECK, L.L. (orgs.). In: *Anuário do Programa de Pós Graduação em Direito Mestrado e Doutorado.* São Leopoldo: Centro de Ciências Jurídicas – UNISINOS, 2000, p. 154.

[67] Cf. AMADO. *La Société et le Droit...,* 1993, p. 107

[68] Cf. LEHMANN. *Sistemas Sociales...,* 1998, p. 213. Além do do sistema social, que opera mediante comunicação, existem ainda os sistemas biológico e psíquicos. O primeiro trata da vida e suas operações vitais (vide MATURANA; VARELA. *A Árvore do Conhecimento...,* 2001), enquanto o último ser refere à consciência, sendo o campo de ação do indivíduo.

[69] Sobre a disposição evolutiva comunicacional ver NAFARRATE. *La Arquitetura...,* p. 666.

2.4.3. Os limites

Los limites de los sistemas sociales
son límites de sentido.[70]

Como já referido, os sistemas sociais possuem limites, no que se diferenciam radicalmente das estruturas[71] – limites de sentido. O sentido pode ser visto como uma pré-categoria linguística que vai dar azo à linguagem. Não se pode responder à questão do que vem a ser o sentido, uma vez que é necessário usar do sentido para se obter a resposta. Mas se pode dizer que o sentido é o processo originário da comunicação (socialização). É seu momento fundamental.

O sentido é o mundo de operação humana (e não a comunicação) e possui intrínseca a negação, a dicotomia básica sim/não. Os sistemas vão, resumidamente, dar às ações humanas sentido. É, nesse diapasão que se dá o ponto de equilíbrio do sistema social. Tal objetivo é obtido mediante o estabelecimento de relações de sentido entre ações sociais, que delimitam as fronteiras do próprio sistema, entendidas como fronteiras de sentido. Em suma, os sistemas dotam as ações humanas de sentido (meta) e de racionalidade, e as transformam em fatos.[72]

Também se pode dizer que o sentido é, em verdade, o meio pelo qual o sistema traz para si a complexidade do seu entorno. O horizonte de possibilidades dado pelos sistemas reside na unidade de sua diferença com o entorno. Ao contrário de Weber,[73] o sentido na teoria dos sistemas não é derivado de uma representação intencional na mente dos indivíduos. O sentido não é consequência da ação, mas sim da distinção sistema/entorno.[74]

Existem, pois, sistemas e entornos que, conservados, preservam o próprio sistema. A relação sistema/entorno depende da

---

[70] NAVARRO, Evaristo Prieto. "El Derecho y la Moderna Teoria de Sistemas". In: DOMÍNGUEZ, José Luis; ULGAR, Niguel Angel (coords.). *La Joven Sociologia Jurídica en España*: aportaciones para una consolidación. Oñati Papers – 6. Oñati: IISJ, 1998, p. 109.

[71] LEHMANN. *Sistemas Sociales...*, 1998, p. 51.

[72] ARNAUD; DULCE. *Introdução à Análise Sociológica*, 2000, p. 167.

[73] Cf. NAVARRO. *El Derecho y la Moderna...*, 1998, p. 109.

[74] "Los procesos de los sistemas auto-referenciales adquieren sentido (por lo tanto, no se trata de um sentido en si mesmo) en la medida en que pueden operar internamente con la diferencia entre sistema y entorno". LEHMANN. *Sistemas Sociales...*, 1998, p. 59.

complexidade. A estrutura do sistema possui menor complexidade que o entorno. A constatação é óbvia, já que no entorno existem outros entornos.

Com essa delimitação, é possível se fazerem cortes mais precisos e que estejam mais aptos a compreenderem os sistemas sociais, uma vez que fica a descoberto o que antes não se podia observar. Tal delimitação assume relevo, pois é o que constata a importância da constituição de cada elemento de sentido de um sistema social, como é o caso da saúde, ao que favorece a afirmação de Luhmann ao dizer que,

> por exemplo, podemos estar seguros de defender um valor considerável e não nos ridicularizarmos ao propugnarmos pela saúde pública. Em termos grosseiros isso também delimita o campo de eventos e ações que podem ser observados da mesma forma.[75]

Em consequência, o objeto torna-se independente do sujeito (homem) e o que antes restava encoberto, aparece a descoberto. Essa dinâmica recursiva interna possibilita, paradoxalmente, a desparadoxalização dos paradoxos,[76] e que resta não enfrentada pela sociologia jurídica clássica.

O sistema social (ou seus subsistemas parciais) vai (vão) se autoafirmar(em) na medida em que trouxer (em) para si e dominar (em) operativamente o fragmento do entorno que é efetivamente relevante para a conservação de seu patrimônio sistêmico. No caso do sistema sanitário, por exemplo, este fragmento é a unidade da distinção entre a saúde e a enfermidade. Mas isso – clausura operacional – não significa isolamento, visto que a comunicação é inerente ao sistema. O entorno provoca ressonância, ruído de fundo, mas não modifica o sistema, que se encontra imunizado em relação a tais aspectos. Portanto, a dicotomia sistema/entorno torna possível a autorreferencialidade dos sistemas.[77]

---

[75] LUHMANN. *Sociologia do Direito I*, 1983, p. 103.

[76] Como refere CLAM, Jean. Pièges du Sens, Dynamique des Strucutures. Le projet d'une Sémantique Historique chez Niklas Luhmann. *Archives de Philosophie du Droit*. Tome 43, Paris, 1999, p. 372-373: "La sociologie classique a omis de thématiser le caractère paradoxal d'une communication sams référent externe et ne pouvait dès lors comprendre les dynamiques de 'déparadoxisation' qui s'imposent à elle".

[77] A respeito, diz LEHMANN. *Sistemas Sociales...*, 1998, p. 189: "el sistema reproduce la diferencia sistema/entorno que le orienta continuamente en el interior, bajo la forma de diferenciación".

2.5. O Direito como sistema funcionalmente diferenciado

O estabelecimento do Direito como sistema funcionalmente diferenciado é a grande contribuição do "primeiro" Luhmann à sociologia jurídica (e por que não dizer, à teoria do Direito). Como já referido, é na noção da necessária clausura que surgem os marcos necessários para o entendimento autopoiético do sistema jurídico. Nesse sentido, cabe, nesse momento, pontuar as bases da diferenciação funcional do Direito.

2.5.1. O código e a função

A diferenciação funcional[78] de cada sistema segue um esquema binário próprio, mediante um processamento de informações que lhe é exclusivo e que lhe possibilita uma realidade também própria. A opção pela binariedade do código de um sistema funcionalmente diferenciado exclui valores terceiros, conferindo uma manipulação lógica e de alta tecnicidade que permite um (re)processamento entre ambos os polos que, ao final, vão, mediante diferença, formar uma unidade.

Nessa estrutura binária há sempre um valor positivo (ou designativo),[79] que traduz a capacidade comunicativa do sistema, e um valor negativo (valor sem designação), que reflete a contingência da inserção do valor positivo no contexto sistêmico. Dessa interação, exsurge uma unidade. Assim, por exemplo, sempre que se trata do código Direito/Não Direito, trata-se de uma operação do sistema jurídico. Ou, quando se está diante de uma operação Governo/Oposição, trata-se do funcionamento do sistema político, bem como o código Pagamento/Não Pagamento se encontra na funcionalidade do sistema econômico.

---

[78] Importante assinalar que a diferenciação funcional dos subsistemas sociais é dada não pela hierarquia, mas sim por sua função. A função de um sistema depende de sua diferenciação interna que é proporcionado pelo código binário.Como lembra HERRERA, Sonia E. Reyes. "Análise do Sistema Educativo na Perspectiva Teórica de Niklas Luhmann". In: *Cadernos de Sociologia*. Porto Alegre, v. 10, 1999, p. 90, no do sistema social encontram-se "subsistemas autônomos, funcionalmente diferenciados, que se reproduzem autopoieticamente, sendo que sua reprodução vai ser regida pela função que desempenham para o sistema social global".

[79] LUHMANN. *Sociologische Auflkärung 5*: konstruktivistische perpektiven Opladen: Westdeutscher Verlag, 1993, p. 192.

O código é o que facilita as operações recursivas do sistema, a função ou o próprio cumprimento de sua função. A função diferencia funcional e clausuralmente o subsistema. Ainda, é o código que diferencia o sistema do entorno. O código binário relativo à função de um subsistema é de sua exclusividade[80] e opera a partir de seus próprios elementos. O código dá a contrapartida, a equivalência negativa necessária para que se possa minimizar a contingência. O código também pressupõe a exclusividade do subsistema, de tal forma que nenhum outro subsistema possa tratar a sua operatividade, preservando sua identidade quando contraposto ao sistema social e a seus demais subsistemas.[81] Assim, para que se consiga perscrutar o código do sistema jurídico não se pode pensar unicamente na função do sistema (o Direito por intermédio de decisões). É preciso pensar em seu equivalente funcional: o Não Direito.

Com esses pressupostos, cabe verificar se o Direito possui um código próprio, que corresponde às condições explicitadas, que facilite a transformação de um valor em outro, de tal sorte que exista um valor que propicie a comunicação e outro que sirva como ponto de reflexão contingente. Em caso positivo, está-se diante de um sistema funcional jurídico autônomo.

2.5.2. A diferenciação funcional do Direito

Como já referido anteriormente, o mundo apresenta mais possibilidades de escolha do que somente aquela que foi selecionada (complexidade). Por outro lado, como também já explicitado, este fato leva a uma necessidade de decisão, contingente por natureza. Ademais, essa decisão não dá garantia alguma de que era a decisão correta (dupla contingência). Uma vez que o Direito é um subsistema funcional da sociedade, ele apresenta como características suas tanto a complexidade como a dupla contingência. Para que haja uma suportabilidade a respeito da incerteza advinda da dupla contingência, a sociedade contemporânea adquire uma estrutura de expectativas muito mais complicada do que nas sociedades

---

[80] "Cada subsistema, además, utiliza su próprio código, lo que hace mirar al sistema completo – como sistema o como entorno – desde su perspectiva". MANSILLA. *La Teoría de la Sociedad*, 2001, p. 48.

[81] Por exemplo: "Manipulant ce code des idendtiés et des différences, les systèmes juridiques peuvent bien s´ouvrir a l'extérieur sans perdre leur identité". OST, François. L'Autopoiese en Droit et dans la Societè. *R.I.E.J.* Firenze: Institut Universitaire Européen, 1986, p. 189.

de contingências simples: *a expectativa de expectativas. Para encontrar soluções bem integráveis, confiáveis, é necessário que se possa ter expectativas não só sobre o comportamento, mas sobre as próprias expectativas do outro.*[82] E é na interseção entre a minha expectativa e a expectativa que tenho sobre a expectativa de outrem que reside a função da norma jurídica, ou seja, da positividade do Direito.

Todavia, a fim de que a indeterminação não alcance um ponto em que a psique do homem não suporte as expectativas de expectativas, o Direito torna-se um mecanismo redutor de complexidade, em que a norma serve para orientar o indivíduo, trazendo consigo mesma a possibilidade de risco, dispensando a orientação a partir de expectativas, e, por isso, reduzindo a probabilidade de dano futuro (risco). *Nessa medida a regra alivia a consciência no contexto da complexidade e da contingência.*[83]

Ainda, é possível afirmar que a vigência das normas reside na impossibilidade de estabelecer concordâncias casuísticas e divergências em comum. Daí que, em última análise, a vigência das normas está na complexidade e na contingência do campo da experimentação, onde as reduções exercem sua função.

Para que haja uma logicidade mínima no que tange à complexidade e à contingência experimental, é necessário estabelecer uma estrutura para as expectativas concretas. A estrutura citada é definida mediante seletividade, especificamente por sua dupla seletividade.

A dupla seletividade pode ser observada em dois momentos. O primeiro é constatável quando se opta por uma comunicação dentre várias possíveis. Trata-se, por exemplo, do caso da linguagem. Essa escolha reduz complexidade, pois estabelece o *medium* pelo qual se opera o âmbito de comunicações. Ainda, tal seleção, é dada com base na expectativa de quem escolheu a linguagem de que o escolhido tivesse a expectativa de aquele fosse o instrumento escolhido. O segundo momento é observável pela comunicação em si mesmo e pela capacidade de entendimento via expectativas oferecida pela linguagem.

Nessa linha de raciocínio, as estruturas são derivadas de uma suposição em comum, e sua redutibilidade consiste na capacidade de obscurecer as alternativas contrárias. Porém, isso não significa

---

[82] LUHMANN, *Sociologia do Direito I*, 1983, p. 47.

[83] Idem, p. 52.

que elas deixem de ser analisadas. Elas somente fornecem um parâmetro (equivalência funcional) decisório.

Disso decorre que todas as seleções, por serem expectativas, contêm, ínsita, a possibilidade do desapontamento que, todavia, deve ser amenizado e trabalhado a partir da aceitabilidade dos riscos.Com esse intento, a classificação luhmanniana das expectativas é feita da seguinte forma:[84]

a) *cognitivas* – em que, ocorrendo o desapontamento, é possível se adaptar à realidade, existindo uma (in)consciente predisposição de assimilação;

b) *normativas* – em que, existindo o dano, a expectativa não é abandonada. Nessa hipótese, as expectativas normativas de comportamento passam a ser estabilizadas em termos contrafáticos.

As expectativas cognitivas não são censuradas e desapontadas. E, em caso de as expectativas normativas serem violadas, forma-se a norma de maneira *a posteriori*, o que, segundo Luhmann,[85] constitui uma norma jurídica, vista de modo tradicional e apresenta as seguintes características:

1) dever de obediência à lei é o óbvio e uma posição em contrário não é do interesse social;

2) falta de interesse em trazer o divergente de volta ao caminho;

3) individualização da implementação de normas;

4) inexistência de perspectivas de futuro e

5) não tipificação de desvio e norma Por isso, tem-se que essa concreção do processamento da experimentação não dá origem à construção de alternativas.[86]

A partir dessas características, a estratégia é uma fixação antecipada da forma de reação. Dito de outro modo: antecipar o futuro e, ao mesmo tempo, minimizar os riscos. Isso é feito mediante a sustentação de uma contradição: a possibilidade do desapontamento pode ocorrer e, quando ocorrer, pode ser tanto benéfica quanto maléfica, dependendo do ponto de vista do observador. Somente assim, poderá haver uma menor complexidade interna do sistema, encobrindo-se a possibilidade do comportamento oposto.

---

[84] LUHMANN. *Sociologia do Direito I*, 1983, p. 57.

[85] Idem, p. 61.

[86] Ibidem.

Por outro lado, mesmo as expectativas normativas podem se adaptar através de procedimentos, mormente a jurisprudência, tornando-se uma assimilação legitimada.[87] Em algum momento, pode, até, durante o correr do tempo, deslocar-se do estilo normativo para a tolerância do cognitivo. Essa diferenciação reside na *fundamentação através de processos reflexivos da expectativa de expectativas, que permitem uma diferenciação entre expectativas cognitivas e normativas podendo, assim, por meio de diferentes constelações, fazer jus a exigências as mais diferenciadas).*[88] Assim, as estruturas das expectativas de expectativas tornam-se fundamentais para a compreensão do fenômeno jurídico na sociedade contemporânea.

A estrutura seletiva das expectativas de expectativas torna-se vital para a compreensão da contingência e complexidade atual. Nesse sentido, a lei pode ser vista como *um conjunto de expectativas institucionalizadas que dizem como a sociedade pode esperar que os outros se comportem.*[89] O problema consiste quando a expectativa não é satisfeita. Essa não satisfação ameaça anular o efeito redutor da expectativa estabilizada. O desapontamento está ligado ao que não é certo. Quando a expectativa não consegue se modificar ou ser substituída por uma nova segurança, ela necessita ser reconstruída em nível funcional generalizado.

Uma expectativa normativa desapontada, isto é, aquela em que ocorreu o dano, tem como efeito a não aceitabilidade do desapontamento. A partir daí, ocorre uma reação que, via de regra, aciona o sistema social, em especial, o sistema encarregado da produção legislativa (Poder Executivo) que, analisando dito desapontamento, passa a criar normas de expectativas contrafáticas. Vale dizer: normas jurídicas. Desse modo, haverá uma antecipação de desapontamento normativa.

Com isso, a expectativa normativa, inserida em um sistema complexo, tem como função maior a de *dilatar as possibilidades de expectativas, juntamente com sua interação contrafática.*[90] Essa contribuição, fruto do convívio social, gera uma superprodução normativa. Esse mecanismo é fundamental, pois gera as possibilidades do que se deve esperar do normativo e, em relação ao qual, o Direito passa a ser uma estrutura seletiva.

---

[87] Cf LUHMANN, Niklas. *Legitimação pelo Procedimento*. Brasília: Editora UnB, 1980.

[88] LUHMANN. *Sociologia do Direito I*, 1983, p. 66.

[89] ROCHA, Leonel Severo. *O Direito na Forma de Sociedade...*, 2001, p. 129.

[90] LUHMANN. *Sociologia do Direito I*, 1983, p. 76.

Assim, a estabilização temporal do sistema estaria preenchida, faltando uma estabilização subjetiva, que escolherá, de modo consensual, que normas jurídicas são úteis para determinada sociedade. E são os mecanismos institucionalizantes que oferecem uma resposta razoável para a questão.

Todavia, uma constatação se impõe: a experimentação normativa não configura a totalidade da satisfação e da integração social, sendo muito comum que uma projeção normativa entre em conflito com outra e que a norma de um seja o desapontamento do outro. Assim, as expectativas normativas devem ser direcionadas ao sucesso. Isso é feito mediante a institucionalização de expectativas comportamentais, aferindo-se o grau em que *as expectativas podem estar apoiadas sobre expectativas de expectativas supostas em terceiros.*[91]

Deve-se, para tanto, desconstruir a ideia de uma relação social dualística dividida em quem espera e aquele que age, inserindo-se, aí, a figura do terceiro. Além de observador, o terceiro é atraído para julgamentos, condenações ações. No caso do Direito pode-se enxergar, no juiz, tal papel.

Diferentemente do expectador – que é um terceiro concretamente captável e. por isso. influenciável (o que impossibilita ser ele chefe de instituições), e justamente pelo fato de ser um desconhecido é que o papel de sustentáculo de uma instituição (o Direito, por exemplo) é confiado ao terceiro. Esses terceiros têm de ser cortejados, motivados, conduzidos a seu papel de expectadores e, eventualmente ligados, a proferir um julgamento, sendo deveras relevante à invocação facilitada.

De outra banda, como resta impossível participar de modo ativo da consciência de outras pessoas, a expectativa de expectativas só é possível em um mundo vivenciado em comum. É aí que o *sentido* serve como síntese de multiplicidades instantâneas, visto que é acessível de forma intersubjetiva. Verifica-se, assim, a necessidade de uma abstração – inclusive normativa, que variará de acordo com o desenvolvimento de uma sociedade. Uma expectativa, nesse sentido, jamais nascerá sozinha e também jamais será considerada expectativa isoladamente. *A expectativa é a intencionalidade que aponta para o futuro do fluxo da experimentação, que procura sempre conteúdo cambiantes, e que experimenta a realidade através de seu câmbio.*[92]

---

[91] LUHMANN. *Sociologia do Direito I*, 1983, p. 77.

[92] Idem, p. 97.

Identificar um sentido está no mais alto grau de abstração. Isso porque sempre haverá um feixe de expectativas possíveis. Um, por exemplo, é o caso de um processo judicial, que vai poder ser modificado mediante a experiência e será liberável conforme as necessidades de uma concretização seletiva.

A antiga concepção de consistência do Direito baseava-se em uma ausência de contradições. Essa falta, no entanto, em uma nova concepção consistente do Direito, pode ser valiosa, mas jamais suficiente. As complexões de expectativas, a partir do sentido, possibilita a conservação e a reativação de expectativas, transformando-se em acervo cultural.

Daí, o Direito não precisar criar-se constantemente. Ele será reproduzido e fundamentado sempre que necessário. Em uma constante concretização fática, haverá, de antemão, alguns conceitos pré-concebidos e possibilidades concretas de antecipação. Todavia essa abstração elevada é perigosa por não haver engajamento no mundo fático. Existem, portanto, estruturas sociais dos quais o ordenamento retira sua necessária e devida abstração. São percebidas através de expectativas comportamentais de:[93] a) pessoas; b) papéis; c) programas e d) valores.

As expectativas relativas à unidade de uma pessoa têm como característica o fato de qualquer deslize ser fatal ao seu desiderato (consideração do todo), pois não se separa a unidade do ato. Já as expectativas comportamentais, baseadas em papéis – o juiz, por exemplo – trazem uma estabilização pela indiferença, visto que o plano moral/individual diz respeito ao papel exercido na sociedade. Por outro lado, regras podem ser modificadas, sendo irrelevante que pessoas ou papéis percam sua identidade, ou que pessoas morram ou que a função do papel seja atomizada.

Para Luhmann,[94] tais regras são chamadas de programas e se baseiam no sistema "se/então". Se uma ação coincide com o programa, ela é correta; em caso contrário, incorreta. Juridicamente, nesse caso, ocorrerá sanção. Já os valores são julgamentos a decidir sua preferência sobre determinada ação e são demasiadamente indeterminados. Portanto, o Direito passa ser baseado em programas e papéis, que cumprem com maior eficiência a pretendida função redutora de complexidade.

---

[93] LUHMANN. *Sociologia do Direito I*, 1983, p. 100.

[94] Idem, p. 103.

De outro lado, o Direito possui uma dimensão temporal , que estabiliza expectativas de expectativas pelo consenso esperado entre terceiros. Em contrapartida, a dimensão prática estabiliza expectativas de expectativas mediante generalização de expectativas comportamentais.

A comunicação seletiva das dimensões traz limitações recíprocas que restringem o Direito possível. O processamento de frustrações (sanção) é feito mediante o primado da força física em caso de transgressão ao Direito. A frustração, em verdade, é um problema do Direito, visto que desestabiliza os mecanismos generalizadores – além da manutenção das expectativas comportamentais. A força física do Direito interessa a teoria dos sistemas em *seus aspectos sensoriais e simbólicos, que acompanham o evento físico-orgânico e apresentam os elementos de decisão.*[95]

Essa força física não se confunde com coerção física, de vez que pode incluir imposição de expectativas, podendo ter como base algumas motivações – mas não se reduzindo a elas. É, primordialmente, um instrumento de apresentação e de certificação visando à manutenção de uma expectativa lesada. É o símbolo da congruência dos mecanismos do Direito. Logo, não é a força o máximo do Direito, e sim, sua capacidade decisória, o que afasta algumas complexidades – o número de mortos, por exemplo – e traz a ausência da concepção de força (coerção física) enquanto forma de expressão da sociedade.

Ainda, o Direito deve ser visto como um subsistema funcionalmente diferenciado da sociedade,[96] baseado em sua reflexividade. As vantagens proporcionadas pela reflexividade somente podem ser alcançadas se se tiver em vista o seguinte:

1) a reflexividade deve fazer referência a si mesma ou a processos semelhantes;

2) a necessidade de normatizar a normatização;

3) a função dos mecanismos reflexivos é o isolamento de interferência de processos diferenciados.

---

[95] LUHMANN. *Sociologia do Direito I*, 1983, p. 124.

[96] A diferenciação funcional do Direito é essencial para que se possa conseguir atingir sua função mediante sua operatividade enclausurada. Afirma LUHMANN. *La Diferenziazione del Diritto*, 1990, p. 67: "Attraverso il processo di differenziazione di un sistema del diritto, la funzione giuridica, che deve essere soddisfatta nella società in tutta la sua ampiezza, viene recostruita con riferimento ad una differenza tra sistema (del diritto) e ambiente *all'interno* della società".

INTRODUÇÃO À TEORIA DO SISTEMA AUTOPOIÉTICO DO DIREITO

Da observação e do alcance dessas vantagens, exsurge a relação reflexividade x diferenciação funcional (especificidade da função do Direito). Nessa linha de raciocínio, um processo jurídico – que é o mecanismo que permite a diferenciação e a autonomização funcional – deve ficar em sua expectativa normativa. *Só se torna Direito aquilo que passa pelo filtro de um processo e através dele possa ser reconhecido.*[97]

Ademais, o Direito é um programa. Programa, tal qual um programa de computador, significa que problemas podem ser vistos a partir das condições restritivas de suas decisões. E somente é solucionável a partir de decisões baseadas nessa definição. No momento em que o Direito é um programa decisório, esse ato também deve ser visto como um momento de sua positivação. Desse pensamento segue a conclusão: deve-se analisar quais as condições que levam um juiz a considerar correta determinada decisão para determinados problemas jurídicos.

O Direito tem a necessidade de fixar condições para as decisões. Isto é, as normas devem ser condicionadas. O Direito é visto a partir do binômio se/então. Se forem preenchidas determinadas condições, então haverá sanção. Portanto, o Direito estabelece expectativa condicional, o que faz com que haja incerteza contingencial, ou seja: espero que o juiz aja de acordo com o Direito e ele, assim, de mim também espera. Ele procurará, na norma, as condições de (in)satisfação do Direito e aplicará (ou não) a sanção.

Para Luhmann,[98] as vantagens do Direito como programação condicional são:

a) elevação do grau sustentável de incerteza;

b) abertura de possibilidades de variação;

c) limite de adaptabilidade às demais estruturas;

d) possibilidade de tecnização da programação condicional;

e) desafogamento da atenção e da responsabilidade com respeito às consequências da decisão;

f) desafogamento das comunicações verticais e hierárquicas;

g) interdependência dos tribunais e do encaminhamento partidário dos processos.

---

[97] LUHMANN. *Sociologia do Direito I*, 1983, p. 19

[98] Idem, p. 29.

Dessas concepções, nasce a necessária diferenciação do processo decisório. Processo Legislativo e decisões judiciais são elementos estanques e diferenciados. Um juiz, por exemplo, compromete-se com suas decisões e suas premissas. O legislador, não. É o juiz quem, de forma repetida, irá se confrontar com situações repetidas e que terá de decidir também repetidamente. Logo, toda decisão de um juiz o vinculará com o futuro.

O processo decisório da jurisprudência não conhece, portanto, formas institucionalizadas de mudança do Direito, mas apenas técnicas apócrifas de assimilação ou alteração e que sejam compatíveis com a identidade formal das normas.[99] Assim, o juiz está limitado a julgar em um terreno em que já houve a ocorrência de frustrações. Portanto, o aprendizado é: aprender a não aprender, assimilar a assimilação. Mas, como se faz essa operação, qual a dinâmica do Direito? Mediante autopoiesis.

---

[99] LUHMANN. *Sociologia do Direito I*, 1983, p. 36.

3. A Autopoiese no Direito[1]

JEAN CLAM

3.1. Preliminar

O último círculo da teoria "jus sociológica" luhmanniana é dominado pela problemática sistêmica da autorreferência e pela da autopoiese. A apresentação dessa última fase teórica apresenta algumas dificuldades. Diferentemente das fases precedentes, não é mais possível partir da teorização *do Direito* para chegar ao paradigma subjacente, tirando-se, assim, um duplo proveito: um pela entrada em uma teoria plenamente intuitiva, e outro, pela tematização imediata do Direito. Prosseguindo, parece-nos que haveria grande risco de que o paradigma da autopoiese não pudesse reaparecer com suficiente clareza em uma apresentação que toma as coisas em um estado bastante avançado. Mantendo-nos em uma exploração da teorização sistêmica a partir da matéria do Direito, as transições arriscam não serem bem delatadas, e os progressos, não bem manifestos. Ora, o paradigma da autopoiese constitui um verdadeiro salto na abstração teórica e, sobretudo, uma transformação decisiva de seu alcance descritivo e explicativo, assim como uma redefinição de suas bases epistemológicas. Por que esse paradigma seria mais difícil de ser desenvolvido a partir de sua aplicação ao Direito?

Nossa escolha parece insinuar que a renovação paradigmática não renova de maneira profunda a problemática sistêmica do Direito desenvolvido por Luhmann desde os anos 60. A situação é, efetivamente, um tanto ambígua. Parece-nos, a bem da verdade,

---

[1] Tradução de Caroline Graeff e revisão de Germano Schwartz.

que a autopoiese inscreve, desde sua partida, apostas em um nível que ultrapassa os sistemas individuais aos quais ela se aplica.[2] Certamente, ela permite apurar, por vezes consideravelmente ou decisivamente, a visão de certos fenômenos sistêmicos, como os da autolimitação e da unidade do sistema, de seus acoplamentos com os outros sistemas, da geração contínua de suas operações e de suas ligações sem ruptura. Ao contrário, ela traz poucos elementos novos às problemáticas de diferenciação funcional, mesmo que ela a coloque junto a nível de abstração mais elevado e, portanto, às vezes, mais contundente. É porque nos parece que *a intuição da autopoiese deva ser* descoberta e *explicitada ao nível de abstração que é o seu*, para, em seguida, ser aplicada sobre sistemas particulares. O argumento não vale para a teoria de sistemas dos períodos precedentes, porque a ida e a vinda da aplicação ao paradigma era constantemente sustentada pelo interesse imediato das temáticas e pelo brilho das intuições, retornando às problemáticas teóricas tradicionais e aos debates que se seguem. Partindo deste conhecimento, a autopoiese, por sua vez, abre uma problemática e instaura um debate de uma "teoria da sociedade", ou de uma sociologia tão profundamente transformada pela ideia de uma autoclausura dos diferentes sistemas, que ela deve receber uma nova nomenclatura, distinguindo-se da ciência social que é substituída.

Poder-se-ia, então, argumentar que a introdução da autopoiese na teoria jurídica possui o inconveniente de ser teoricamente muito dispendiosa para proveitos finalmente bem magros; ou, ainda, fazer valer que o sistemismo evolucionista do período precedente tinha dito o essencial sobre o Direito na sociedade diferenciada; enfim, que a autopoiese se revela inigualavelmente fértil, seguindo as funções e os sistemas sociais aos quais ela é aplicada. Se esta última tese nos parece justa, a autopoiese passa a ser, por exemplo, perfeitamente congenital ao sistema científico e à sociologia, conduzindo, assim, a resultados apaixonantes nesse domínio. Logo, as outras duas teses devem ser sensivelmente inflexíveis. É preciso, parece-nos, *aceitar ampliar*, para a apresentação da teoria autopoiética do Direito, *nossa perspectiva* de trabalho e nos alçar a um nível de abstração mais elevado. Será preciso para isso aceitar ver nosso objeto

---

[2] O próprio Luhmann retirou a atenção sobre esse ponto, e tentou uma reflexão teórica sobre a problemática do conceito de autopoiese, no qual percebe que "o efeito revolucionário" está "em referência inversa ao seu valor explicativo"(RdG 45). No seu prefácio ao "Direito da Sociedade", Luhmann, desde o início, declara que a concepção da autopoiese estava "ainda inacabada" (*noch unfertig*, 8).

focal, o Direito, recuar ao campo social geral para se revelar na sua socialidade. Nosso andar deverá, assim, aliar uma inteligência da autopoiese por ela mesma à explicitação de suas repercussões – as mais interessantes para o Direito. Ela deverá, então, desviar-se, na medida do possível, de uma apresentação preliminar do paradigma, do método seguido até então.

3.2. A exaltação da autopoiese na obra de Luhmann

Já encontramos, de alguma forma, os conceitos de autorreferencialidade e de autopoiese, e estes nos deram uma ideia concisa, mas suficiente, no contexto teórico que os cercam. Estes conceitos cessam, no *círculo temático e textual desse "período"*, por representar os momentos de resultado da problemática evolucionária da comunicação social e de seus subsistemas autônomos em torno de suas funções maiores. Nos seus novos contextos, eles correspondem às alavancas de inovação paradigmática que *transformam radicalmente o quadro de referência* de uma teoria de sistemas aplicada à sociologia. A ideia de autopoiese dos sistemas sociais renova fundamentalmente o quadro, elaborado até então, de uma autonomia sistêmica fundada sobre a diferenciação de sistemas de ação e crescimento simultâneo de dependência e de independência dos sistemas em relação aos seus ambientes. Ele tratará de nos explicitar, a princípio, seu exame da transformação da teoria, para preparar o acesso à "segunda" sociologia jurídica luhmanniana tal como ela é exposta nos artigos da sociologia jurídica desde a metade dos anos oitenta e no *Direito da sociedade (Das Recht der Gesellschaft)*. Começaremos, todavia, por colocar em perspectiva o conjunto da teorização luhmanniana percorrido até então, a fim de determinar o ponto de inflexão no qual ingressa a reconsideração autopoiética em seu conjunto.

As apresentações correntes[3] são quase unânimes em distinguir, a *grosso modo*, duas fases no desenvolvimento da teoria Luhmanniana, com a separação se situando no início dos anos oitenta, em

---

[3] Pensamos que a Reese-Schäfer, 1992, 10, que faz contrastar uma fase parsoniana, termina em torno de 1978, na fase autopoiética (em assim dizendo). Ela deixa à teoria luhmanniana somente um parentesco clássico – o autor a compara àquela existente entre uma máquina de escrever tradicional e um sistema de tratamento de textos. Quanto à Kneer-Nassehi, 1993, 47, ele apresenta uma teoria de sistemas abertos, na qual comutam Parsons e o primeiro Luhmann – uma teoria de sistemas autopoiéticos tal como Luhmann a apresenta em 1984.

torno de sua obra mais importante, a *Soziale Systeme*. A primeira é tributária às conceitualizações do funcionalismo parsoniano, assim como da cibernética e das teorias da decisão e da evolução. A outra se inspira nas diferentes teorias da auto-organização e desenvolve o pensamento da autopoiese como conceito-chave da teoria da sociedade. Nossa apresentação, em três tempos, não quer infirmar, nela mesma, uma articulação da obra. Nós indicamos muito mais as vantagens, para nosso tema, de tal corte. Entretanto, independentemente ao consenso dos comentadores sobre aquela bipartição, nós partimos de uma acentuação diferente da obra, colocando em evidência um certo número de *aspectos que condicionam uma aproximação da obra luhmanniana*. Parece-nos mais importante assinalar ao final de um esforço de apresentação que nos familiarizou com a grande parte desta própria obra.

1. É difícil de "temporalizar" ou de "historizar" com uma certa exatidão *a evolução teórica* de Luhmann por uma razão essencial, que reside no próprio estilo da produção científica luhmanniana. Com efeito, essa produção corresponde a uma teorização que cresce quotidianamente a linha da própria escritura, ordenando-se sob as diferentes rubricas do célebre "fichário" de Luhmann.[4] A datação dos textos após o momento de sua aparição não pode ser exata, dadas as diferenças (aleatórias) de sua "sedimentação" teórica. Encontramos, assim, desde os primeiros anos da década de 1970, textos que tematizam a autorreferência. A *teorização luhmanniana* encontra-se, dessa forma, *continuamente em movimento*. Sua flexibilidade é extrema, e os cortes que nós somos tentados a praticar são, no mais das vezes, arbitrários. A grande maturidade das primeiras obras nos impedem de as classificar em um tipo de espaço perfeitamente pré--sistêmica (onde sistêmico teria o sentido forte de autopoiético). Nós pudemos apreciar, desde as primeiras obras jurídicas ou das primeiras críticas da teoria funcionalista dos anos 60, a transparência do projeto antimetafísico, assim como a consciência do seu alcance. Enfim, a emergência de um grande número de conceitos e de temas auiorreferencialistas, desde os anos 70, assim como, inversamente, a constância de certos temas, discutidos no *Soziale Systeme*, através de todo o período que precede esta obra, fornece periodizações "genéticas" bem superficiais, senão enganosas.

---

[4] Ver sobre o "fichário", entre outros, Arnaud-Guibentif, 1993, 173 ss.

2. Uma outra dificuldade que encontra aquele que, querendo "se encontrar" na teorização luhmanniana, tenta fixá-la seguindo as linhas sistemáticas, é a sua *impossível "sequencialização"* (linearidade). Essa dificuldade fora objeto de uma reflexão expressa da parte de Luhmann e suscita nela mesma um esforço de teorização interessante. Encontramos em Luhmann, desde o início de seu posicionamento autônomo em referência a Parsons, um questionamento sobre a morfologia de uma teoria, os condicionamentos de suas performances, as *decisões*, que culminam seu desenvolvimento e lhe dão um modo e uma heurística próprios. Luhmann se fez assim, o crítico da estratégia, ou do *design* teórico parsoniano de tabelas de dupla entrada (*Kreutztabellierung*), a qual impediu seu autor, após Luhmann, de explorar, numa medida certa, seus próprios funcionalismos de fatores primordiais da estruturação da ação.[5] É por isso que Luhmann adota, muito cedo, um *design teórico* que poderíamos qualificar de "topológico", no sentido que dá a este termo a matemática moderna. A teorização luhmanniana se articula em torno de "lugares" primordiais, tais como a complexidade, o sistema e seu ambiente, a dupla contingência, o sentido, o "fazer experimentar" (*Erleben*) e o agir, a comunicação, o tempo, a autor-referência...

A decisão fundamental é não organizar estes tópicos em um esquema hierárquico ou tabelar factício. A produção textual luhmanniana assemelha-se a uma respiração ritmada pelos longos artigos, que, se sucedendo a uma cadeia excepcional, acaba por dar sentido a esses tópicos sem deixar de obscurecer a visão. É que estes temas são, às vezes, novos e inovadores, e representam, para seus "observadores", uma descoberta contínua. Por sua estrutura reticular de interdependência, o teórico não acabou, por assim dizer, de descobrir as virtualidades. Os vínculos que os unem são difusos, nodosos, e não se permitem organizar de uma maneira transitiva ou hierárquica. Os *"lugares" teóricos do sistemismo* são reticulados de tal maneira que as relações de um campo a outro se pressupõe mutuamente (então hierarquicamente) e deixam emergir uma forma de *construção* e de controle teórica *circular de temas e de enunciados*. O resultado é de uma perplexidade profunda frente à tarefa da exposição teórica. Refletida na própria teoria, essa perplexidade é a ocasião de uma clarificação das capacidades, mas sobretudo dos

---

[5] Ver esse sujeito EiS. O maior erro da *kreutztabellierung* reside, para Luhmann, na rigidez conceitual que ela gera.

limites da sequencialização lógica e linguística de fenômenos e de enunciados complexos.[6] Ela continua a visar, no curso da transformação autopoiética do paradigma sistêmico, a integração de uma teoria da teoria (e, em particular, de uma teoria da sociedade numa teoria sociológica da cognição) no quadro de uma epistemologia construtivista – que forma o último horizonte da pesquisa luhmanniana.[7]

3. Como todo o leitor de Luhmann rapidamente observa, a teorização luhmanniana tem sua movimentação, sua engenhosidade, e, quiçá, genialidade, *atrelada pela obstinação à "interdisciplinariedade"*. Aqueles tentados a supor, como o faria legitimamente um Habermas, uma ambição filosófica, que se prevaleceria pela impressionante cultura e a grande tecnicidade de um elevado número de comentários filosóficos disseminados através da obra, seriam rapidamente desaprovados pelo próprio Luhmann. Em verdade, Luhmann sempre insistiu em manter uma *distância essencial em relação à filosofia*.[8] A esse gesto não falta ambiguidade, porque ele se mistura, por vezes, a uma suspeita, em face de certas simplificações apriorizantes ou a um *pathos* interpelativo, tradicionalmente cultivado – de Platão a Kant e Habermas. Ora, essa distância, é resguarda por Luhmann *graças a uma* abertura resolvida de sua teoria *sobre todos os saberes* acessíveis. O espaço interdisciplinar torna-se, assim, um tipo de "meio-termo", onde a teoria tem seu próprio movimento.

---

[6] No nível da atividade de criação categórica e conceitual da teoria, o obstáculo é de uma decolagem da linguagem de seus primeiros conceitos intuitivos para lhe tornar possível um dizer complexo da complexidade. "O problema", diz Luhmann, é saber "como eu pude produzir, com os meios linguísticos, uma presença simultânea (*Simultanpräsenz*) suficiente de estado de coisas complexas, e para controlá-lo a um nível adequado, o movimento da conexão entre o dizer e o compreender" (*Wissenchaft*, AS 3, 175).

[7] Reproduzimos o plano temático da obra central *Soziale Systeme*, tal como Luhmann a comunicou numa conferência em 1979 (5 anos antes da aparição da obra). O interesse deste plano é de mostrar a não sistemibilidade da exposição teórica. A arquitetura sistemática das superteorias da tradição – tais como na enciclopédia aristotélica, sua sistematização medieval, as construções cartesianas e leibnizianas nas ciências, a arquitetônica de sistemas kantiana e hegeliana – é bonita e inadequada ao projeto teórico sistemista, que exige tipos de referência encaixados, retroativos e implexos. Tanto os seus objetos, como seus enunciados são de natureza circular. Os conjuntos de repercussões complexas vão de um tema a outro, tecendo-lhes um entrelaçamento, impedindo toda validação global ou em bloco da teoria. Eles deixam-na concluir-se nas suas operações singulares, na experiência circular de suas referências e na abstração esclarecedora de seus relacionamentos. Quanto ao plano definitivo, ele diverge sensivelmente deste reproduzido aqui, e atesta, assim, a arbitragem de seus agenciamentos.

[8] Ver sua repulsa categórica de conceder à filosofia uma preeminência qualquer (na WdG 457). Luhmann reafirma, numa carta recente ao autor, a natureza não filosófica, mas bem interdisciplinar de seu projeto, em resposta às sugestões de interpretação filosófica de certos aspectos da teoria.

É a estrutura do conjunto da sociologia luhmanniana que pode, desde então, ser qualificada de interdisciplinar, no sentido de que sua teorização se faz "ao vivo", por intermédio de uma abertura sobre uma multiplicidade de teorias e de paradigmas. Ela não cessa, dessa maneira, o movimento de uma regeneração cognitiva constante. A teoria luhmanniana tem por elemento um fluxo cognitivo que a torna extremamente sensível a incidentes de estipulações e de irritações provenientes de todos os tipos de pesquisas em ciências humanas.[9] Essa prática, de uma exploração da pesquisa tanto empírica como teórica ou epistemológica para chegar bem além dela e transformar seus resultados e incitações em construções de alta abstração e de um grande poder de inovação paradigmática, vai se ampliando na obra luhmanniana.[10] Ora, é pelo lado de ampliação interdisciplinar de sua base de informação e de experiência, que a teoria luhmanniana pode alcançar, frente à filosofia, uma independência e uma mutabilidade que são difíceis de serem alcançadas pela primeira. É pela interdisciplinariedade que ela sucede a estabelecer numa escolha de *abstinência axiológica* e de *abertura* positiva ou *afirmativa* sobre o *inaudito* de formas inteiramente não intuitivas da ação e da socialidade. Em oposição à grande maioria das teorias antropológicas que, no mínimo, se encerram num empirismo sem interrogação ou se concentram em um assunto restritamente técnico, não conseguindo resguardar tal distância, a teoria luhmanniana é capaz de sustentar, por assim dizer, um resultado inverso ao da filosofia. Colocando-se à contribuição de saberes heterogêneos sob as trajetórias de mais a mais abstratas, ela desafia o apriorismo filosófico e se reserva da tirania conviccional da filosofia ética.

---

[9] Chamamos dessa forma (ciências humanas). Nesse sentido, é ciência humana, para citar somente um exemplo dos mais elementares, a parte que Luhmann retira, para o desenvolvimento de sua teoria sociológica de sistemas e a ultrapassagem de esquemas teológicos, da pesquisa americana em ciência da organização. Quanto à pesquisa em ciências naturais, ela é encontrada somente indiretamente na obra de Luhmann, levando-se em conta a recepção de incitações à exploração interdisciplinar preparadas por certos cientistas. É o caso de Maturana e Varela, que "prepararam" o paradigma biológico da autopoiese para uma recepção além das fronteiras de sua disciplina. Medida essa dependência, o acesso às pesquisas em ciências humanas é bem mais direto e mais pessoal para Luhmann.

[10] Ela atingira seu apogeu nas últimas grandes obras como WdG ou mesmo nossa RdG.

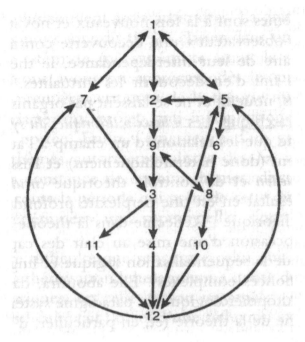

1. Sistemas sociais como objeto geral
2. Dupla contingência e limites sistêmicos
3. Sistema e ambiente
4. Interpenetração: sistemas pessoais e sociais
5. Sentido
6. Esquematização das dimensões de sentido
7. Complexidade
8. Experiência e ação
9. Comunicação
10. Tempo
11. Capacidade de resolução e recombinação
12. Autorreferência

4. A autopoiese é um paradigma que, para Luhmann, amadurece em dois tempos, em função do progresso de uma recepção mais e mais penetrante de certo número de teorias. Poder-se-ia afirmar que o refinamento do paradigma resulta de uma sintetização cada vez mais rigorosa e fecunda de um conjunto teórico que, no início, era somente um "mix" interdisciplinar tal como se pode encontrar frequentemente em Luhmann.[11] Apresentaremos, de início, os *três grandes conjuntos teóricos* que formam os vetores essenciais da síntese luhmanniana, para passar, em seguida, a suas articulações no desenvolvimento do novo paradigma.

4.1. O primeiro conjunto é constituído pelas *teorias lógicas* que tentam superar o tipo de racionalidade científica dominante na tradição lógica, epistemológica e filosófica ocidental desde Aristóteles até o positivismo do círculo de Viena. Contra a lógica aristotélica da não contradição e da dualidade da valência proposicional (*Zweiwertigkeit*, verdade-falsidade). Contra a dialética hegeliana de uma assimilação circular formal da contradição, desembocando em uma mecânica conceitual. Contra a lógica de Russell, que tenta "desparadoxalizar" a teoria pela introdução de uma hierarquia de enunciados e de suas referências. Inscrevem-se em falso as teorias que *aceitam a inconsistência* não ultrapassável da lógica e colocam precisamente em evidência as *circularidades "paradoxais"* e as estratégias de invisibilidade pelas quais a teorização científica pensa se precaver. Elas mostram a necessidade, mas também a fertilidade desse fechamento circular, da reinjeção do paradoxo, ou da distinção arbitrária da partida (a qual ele mesmo abriu espaço lógico), na própria teoria. Elas fazem, em suma, aparecer a *estrutura* essencialmente *autor-referencialista* e fundamentalmente não desparadoxalizável (da lógica) de toda teorização. Luhmann fez uso determinante das lógicas de Gotthard Günther e de G. Spencer Brown[12] para a elaboração da sua própria visão da autopoiese.

4.2. O segundo conjunto é o das *teorias cibernéticas* generalizadas, capazes de explicar os mecanismos elementares tanto da cognição quanto da ação ou da organização. Trata-se da *"second order cybernetics"*, cuja ideia foi desenvolvida por Heinz von Foerster. É lá

---

[11] Um exemplo entre dezenas de outros: a exploração das *"literacy studies"* nas partes concernentes à textualização (*Vertextung*) do Direito no RdG.

[12] Essencialmente os três volumes de *Beiträge por Günther* (1980), e de *Laws of Form* (2.ed.1979) por Spencer Brown.

que são elaborados conceitos como o da observação[13] e de suas diferentes ordens de reflexividade (de uma observação do observador e de suas observações). O uso do qual fez Luhmann é centrado em torno da ideia de que, em algum momento da atividade de um *sistema* qualquer, *não se pode parar de observar* (ou de se observar – ou de observar um observador qualquer) – *nem pode se tornar independente das distinções de diretrizes* que orientam sua observação e que lhe dão suas formas temáticas. Ademais, e além dessa impossibilidade para todo acontecimento (ou toda operação do sistema) – de ser dado fora de um quadro de emergência de uma "forma" no "meio-termo" –, não faz sentido falar de uma realidade inacessível nela mesma, mas subjacente. A cada vez, suas configurações contingentes, nos pares, forma-meio-termo, ou, ainda, sistema-ambiente. Essas configurações são, em verdade, variáveis e mutável. As formas podem resultar em meio-termo ou intermediário, ou os elementos do meio-termo se recombinam em formas de complexidade mais elevadas. A "cibernética de segundo grau" corresponde a *uma transposição da questão sobre identidade,* a essência ou a função de uma coisa que fez ventilar o "o quê" (Was) ao "como" (Wie). A realidade de uma coisa não é um conteúdo substancial mais ou menos inflexível pelas condições ou acomodações da apreensão por um sujeito. Ela não é nada mais que a "diferença" nascida de uma observação e que faz aparecer uma distinção, de modo que o conteúdo, não é senão um derivado longínquo e tensionado da realidade original.

4.3. A terceira dimensão é a das *teorias biológicas,* que, numa tentativa de ultrapassar o mecanismo e o vitalismos, o necessitarismo e o espontaneísmo aleatório, chegaram à ideia da "autopoiese" – o termo nasceu no seio dessas teorias – do vivo. A intuição central é a de um *sistema* (uma totalidade organizada) que é *capaz de se reproduzir a partir de seus próprios elementos* e cuja essência é consagrada à regeneração destes. À diferença dos conjuntos de mecanismos (como o das máquinas triviais – um guindaste ou uma

---

[13] Remetemos que a observação na terminologia sistêmica não tem nada de exclusivamente cognitivo ou contemplativo. A observação, no sentido fluente (de uma atividade consciente de contemplação atentiva de um objeto), é um tipo muito especial da observação no sentido técnico, que é o nosso contexto. Observar, pela *Second Order Cybernetics,* designa todo ato que crie uma diferença primordial entre "um" e "outro" , entre duas entidades quaisquer. Este ato pode ser o de uma consciência capaz de reflexão – e se assemelharia, então, à autoposição inaugural do Eu, e correlativamente do não Eu, segundo um Fichte. Ele pode, também, ser um ato pré-predicativo ou pré-cognitivo, como o de uma célula que se comporta (e então se limita) em relação a um ambiente. A figura pode ser, todavia, inteiramente aniquilada – como em Maturana, para quem todo ato, toda realidade viva, é primariamente de natureza cognitiva.

máquina de ceifar), a performance de um sistema biológico autopoiético não extrapola o sistema em si. Ela é, ao contrário, destinada a produzir, sem cessar, por intermédio dos elementos existentes, os constituintes do sistema do próprio sistema, de maneira a formar uma matriz da sua própria reprodução. A interação e a transformação dos elementos permitem (re)produzir o resultado das relações e dos processos que geraram a si próprios. A entidade (ou o sistema) em questão, não é outro senão a rede de operações, e não existe contanto que conclua suas operações. A autopoiese pressupõe uma *larga autonomia dos sistemas* ao qual diz respeito. É inconcebível que esses sistemas sejam acoplados com seus ambientes pelas relações de determinação simples (ou de replicação "ponto por ponto"). Ao contrário, os sistemas autopoiéticos são, a exemplo do cérebro, acoplados de maneira não – específica ao seu ambiente.[14] Eles são perfeitamente autônomos – mas não autárquicos –, no sentido de que nada se pode produzir neles que não provenha deles mesmos e não exalte, nestas condições, os resultados de processos que os constituem. Um sistema não poderia ser autopoiético – e se regenerar a si próprio nos seus elementos e relações – se é possível se encontrar neles, e influenciar sua organização, elementos que, por assim dizer, não sairiam de sua própria fábrica.

Os três conjuntos se consolidam em um *construtivismo radical*[15] em direção ao qual se convergem todas as aproximações e ao qual Luhmann adere com muito entusiasmo. Sua teoria da autopoiese de sistemas sociais, constitui-se em uma contribuição original e essencial a esse construtivismo.

Consideramos, todavia, que a elaboração do paradigma autopoiético se faz, em Luhmann, em dois tempos. Os comentadores que nós citamos não consideram a ruptura criada por *Soziale Systeme*. Observando mais de perto, parece-nos que a verdadeira grande obra luhmanniana sobre a autopoiese é a bela obra – e mais tardia – *Wissenschaft der Gesellschaft (WdG)*,que aparece em 1990. Este tra-

---

[14] Significa que os estímulos do ambiente não têm efeitos específicos sobre o sistema – sua determinação na terminologia alemã é *reizunspezifisch* (WdG226). O exemplo mais citado nesse contexto é o do cérebro humano. Em verdade, não há nenhuma medida comum entre os estímulos que agem sobre o cérebro humano e a colocação na rede do processo cerebral, engajando, em termos de elementos e de relações próprias, os múltiplos – singularmente elevados – do número de estímulos "que entram".

[15] Uma fórmula que resume o alcance desse construtivismo é o seguinte: "Toda referência que remeta ao sistema ou ao ambiente é uma construção da observação" (WdG 226). Ou, ainda: não há referência a não ser a autorreferencial (*ibid,551*). Luhmann preferira, em razão de certas divergências, que se farão cada vez mais fortes com os mantenedores do "construtivismo radical", a denominação "construtivismo operativo" (RdM 17).

balho é uma *soma construtivista* de uma penetração extrema e de um vasto detalhamento.[16] Um verdadeiro acesso ao grande programa sociológico da maturidade, que começa com a "Economia da sociedade" (1988), seguido pela "Ciência da Sociedade" (1990), pelo "O Direito da Sociedade" (1993) e pela "A arte da sociedade" (1995), não se cogita alcançar sem um estudo aprofundado desta obra. E é, sobretudo, a concepção luhmanniana da autopoiese que requeria as elucidações e o detalhamento teórico desta obra para revelar seu verdadeiro siginificado.

O construtivismo radical esclarece o exame da *estrutura "autológica" de toda a teoria* nascida no subsistema científico das sociedades funcionalmente diferenciadas. Isso quer dizer que toda teoria é circular. Uma circularidade não viciosa, que pressupõe seus resultados de suas próprias premissas.[17] Para suportar a circularidade autológica e impedir que ela não regresse ao estado de um bloqueio geral da teoria pela contradição interna, é necessário que a teoria desenvolva um potencial de complexidade que a torne capaz de se refletir em si mesma. No conjunto, é necessário que todas as ordens cognitivas e acionais possam suportar sua autorreferência. A autorreferência priva as ordens cognitivas e acionais de toda a garantia externa – numa transcendência –, de um absoluto – ou mesmo interno –, de uma entidade ou um valor transcendental. *Todas as ordens do pensamento e de ação* humanas são *"fundadas" sob as distinções* (*Unterscheidungen*) *contingentes* (significa que poderia ter sido outra) e injustificáveis no último recurso. O Direito, por exemplo, será fundado, conquanto subsistema social autônomo, sob a distinção Direito/não Direito (*Recht-Unrecht*), a qual não pode se legitimar como sendo ele própria o Direito – da mesma forma que a distinção verdade-falsidade não pode "provar" sua própria verdade. A circularidade é a única forma de produção de relações sistêmicas (cf. WdG 294). Toda a assimetrização dessas relações tendente a romper suas referências reflexivas ou mutuamente condicionantes, é impossível. É indispensável aceitar esta *circularidade sem fundamento*

---

[16] Reconhecido este título por Reese-Schäfer como o texto mais elaborado da obra luhmanniana (ibid., 13). O conselho de começar por este texto uma leitura de Luhmann, parece-nos, pelo contrário, tudo, exceto pedagógico.

[17] Assim, a biologia faz supor que um vivente tem uma atividade de cognição. A linguística opera nos enunciados próprios de linguagem. A sociologia tem por pré-condição uma sociedade, diferenciando um subsistema científico autônomo etc.

e os riscos de sua abstração para ingressar na lógica de uma teoria sistêmica da sociedade.[18]

Assimilar, todavia, a problemática do construtivismo a um ceticismo ou a um relativismo clássicos, como o fazem alguns, significa tirar conclusões apressadas e ceder aos charmes das tradicionais simplificações intuitivas ou metafísicas. Do mesmo modo, falar, nesse propósito, de um "amolecimento" tipicamente pós-moderno do Direito ou da ciência, é igualmente impedir de compreender-se que, no fundo, é a obra a *mutação atual das condições do conhecimento e do agir* – cuja distinção não é, aliás, mais relevante no horizonte desta mesma mutação. Será preciso, então, (continuar a) suspeitar dos atalhos pretensamente intuitivos. O Direito autopoiético, o qual nós vamos nos iniciar, prolonga, sem dúvida, a figura do Direito positivo que nós conhecemos até então. Mas salienta, com uma precisão teórica que não estava ainda possível de se alcançar, a geração do Direito a partir de si próprio nas condições presentes e bem descritíveis de autofechamento da referência jurídica.

3.3. O paradigma autopoiético

Um esclarecimento se impõe no início de toda tentativa de exposição da tese da autopoiese de um sistema qualquer. Em verdade, o conceito é frequentemente malcompreendido: imagina-se que um sistema autopoiético é um sistema que se cria por si mesmo por um tipo de *creatio ex nihilo* e que se conserva nele mesmo de maneira autárquica.[19] De outra maneira, o fechamento de um sistema autopoiético sugere a representação de uma independência total do sistema em referência a seu ambiente, como se o ambiente não pudesse influenciar o sistema, criando assim, para a teoria, a perplexidade de exceções à continuidade de determinações causais no mundo físico. São estes dois mal-entendidos que elucidaremos em um primeiro momento, de forma a solucioná-los definitivamente.

A autopoiese é um conceito que foi elaborado, como indicado, no quadro de uma proximidade sistêmica, por biólogos que ten-

---

[18] Luhmann reclama (*Gleichheitssatz*, 1991, 444) "um reconhecimento solucionado do círculo (*Zirkels*) como forma de auto-organização", realizada nas teorias da autopoiese, em particular a do sistema jurídico.

[19] É nesse sentido que a tradução de autopoiese pela autocriação (cf. a tradução francesa de *Einheit*, 1983 nos *Arquivos da Filosofia do Direito, 1986)* alimenta, fortemente, a confusão.

tavam explicar a organização do ser vivo. Eles não pensavam em introduzi-la fora da autocriação de seres organizados. Em verdade, o autocriacionismo tornaria supérfluo o esforço do conhecimento científico por si mesmo, já que ele atribuiria a seu objeto uma plasticidade infinita, arruinando tudo o que é em uma equiprobabilidade vertiginosa. A concepção voltaria a uma anulação pura e simples da artificialidade mundana e do postulado de sua inteligibilidade pelo meio de uma observação de suas não variações. Deve-se, bem longe desses não sentidos, pensar a autopoiese como uma relação, uma "diferença" particular entre dois planos sistêmicos: um de estruturas e outro de acontecimentos (ou, ainda, de *processus*).Como nós iremos compreender melhor, a autopoiese é essencialmente uma problemática da *continuação* (*Kontinuierung*), no *tempo*, na *efetuação* (*Vollzug*), *operação* após operação ou *acontecimento* após acontecimento, *de um sistema*, ou seja, de uma performance funcional que se tornou *autolimitante* (*i.e. autônomo*). Esse é o motivo pelo qual encontraremos no centro da concepção autopoiética os conceitos de autorreferência, de recursividade e de conectividade. A autopoiese pode, mesmo, ser definida simplesmente como a qualidade de um sistema "que organiza a conectabilidade" (por intermédio de seus elementos).

É preciso levar em consideração que a autopoiese é uma expressão desprovida de toda pretensão mística ou enfática, e que, portanto, se entende daí unicamente "*a reprodução factual concreta de momento em momento* [do sistema], e daquilo que se vai dizer ou fazer [nele] no instante seguinte" (*Probleme*, 1985, 7, grifo nosso). Todo sistema que é capaz de fazer é seguido por algumas de suas operações pela força de uma ligação que é interna, "feita pela autopoiese" (*treibt Autopoiesis*, WdG 27).[20]

Esse sistema permite, dessa maneira, as operações reprodutivas sobre a base recursiva das operações que as precedem. Um sistema pratica a autopoiese desde o momento em que ele é capaz de encadear as operações nas quais ele se efetua a si mesmo sem ter que recorrer a referências ou a impulsos externos. Se essas chegassem a existir, elas não poderiam encontrar nenhuma entrada ao sistema a não ser por meio de uma reapropriação completa por aquele, que as transformaria em operações perfeitamente genuínas e não distinguíveis de suas próprias operações.

---

[20] Ou, ainda: "quando as operações se religam uma às outras (ou se conectam umas às outras, *aneimander anschließen*, WdG 271) em um sistema que se sucede".

O nível específico da autopoiese ou da autorreprodução é o das operações/acontecimentos, em oposição às estruturas e aos programas. Luhmann denomina a autopoiese sistêmica de "autofundação dos acontecimentos" (*ereignishafte Selbstfundierung*, WdG 38). A *autonomia* do sistema autopoiético é de natureza *operativa* e se realiza por meio de condicionamentos próprios e internos ao sistema, que por ele são efetuados como suas próprias operações. Sobretudo, nem a unidade, nem a identidade, nem a "correção" do sistema é dada de antemão: a autopoiese se realiza de momento a momento, de um instante da existência do sistema ao outro, por intermédio de suas operações. O sistema não é um todo, tendo, em si mesmo, inscritos, desde sua "concepção", o programa e a teleologia de suas operações. Ele não se organiza de uma maneira ordenada como faz sua unidade. É, ao contrário, como todo sistema autopoiético, paradoxal. Paradoxal no sentido de que ele não dispõe, nele mesmo, de uma fórmula de unidade e de finalidade, nem de garantia de ser qualquer coisa. Assim, ele não pode, jamais, almejar à consistência da função global. Desde então, somente a sucessividade da realização continuada de sua operação, como negociação constante de sua efetividade ao centro de um novelo hipercomplexo de estímulos, constitui a vida do sistema. A *autopoiese* não é nada mais que uma *sucessão contínua de "impulsos"*[21] *de uma operação a outras,* nas quais reúnem, de momento a momento, as construções da realidade que conservam e fazem perdurar o sistema. Assim, o sistema não pode se desparadoxalizar pela oscilação, indo de uma operação a outra, ao longo de um tempo, que é a chave de sua maestria da complexidade. A *temporalização,* como desdobramento da simultaneidade de um grande número e de um emaranhamento extremo de interdependências sobre a sequencialidade temporal, é uma estratégia de redução da complexidade,[22] sobretudo da complexidade ligada à não coincidência do conjunto dos enunciados, das comunicações e das decisões do sistema,[23] com um fundamento último que lhes dá consistência. Somente o tempo, a efetuação factual de um momento a outro da função do sistema, responde à hipercomplexidade produzida, sempre, perante o sistema.

---

[21] Luhmann pediu auxílio, para restituir este estado de coisas, à metáfora do *sich schwingen*.

[22] Remetemo-nos à construção da temporariedade, à continuação do SS, onde aprendemos a compreender a irreversibilidade ou a "falta de simultaneidade" (*Dessimultaneisierung)* do tempo como um saber evolucionário. O tempo, como sequência, é um produto tardio da evolução (cf. WdG 117).

[23] No caso de um sistema social.

INTRODUÇÃO À TEORIA DO SISTEMA AUTOPOIÉTICO DO DIREITO

Isso que fecha os sistemas, o que lhes dá sua unidade, sua identidade e sua coerência, não são os princípios ou as últimas razões, mas unicamente a obra temporal estruturada de uma continuação, das últimas operações do sistema e de sua atuação na redução e na estabilização da complexidade, da auto-observação do sistema. A continuação do sistema dá lugar a uma *"condensação" estruturante*,[24] que é a autolimitação e a autopoiese. A estabilidade dos sistemas em suas estruturas e na constância de suas invariantes é um "efeito do tempo" (WdG 109). A autopoiese é, assim, essencialmente, uma obra do tempo como forma de efetuação recursiva do sistema nas suas operações. O *tempo condensado*, por assim dizer, condensa acontecimentos, *operações* e processos em *estruturas* e em expectativas que guiam à efetuação concreta e operativa da função sistêmica. "No lugar das últimas unidades (princípios, razões) aparece o tratamento (*Prozessieren*, *'processamento'*) de diferenças, e a apriorística da razão deve ser substituída pela questão se e quais estados-próprios (*Eigenzustände*) do sistema nascem... quando esse sistema opera recursivamente ao nível de uma observação de observações" (WdG 99). Os sistemas que se reproduzem sob a base de acontecimentos autoproduzidos (*selbstproduziert*), sob a ótica das operações modificáveis de momento em momento, não têm, então, nenhuma permanência independentemente de suas operações (cf. ibid., 105). Os sistemas autopoiéticos são conjuntos processuais que vivem numa *continuidade de confirmações generalizantes*. E não podem fazer de outra forma, simplesmente porque não dispõem de *um início absoluto*, onde teriam "escolhido" as distinções fundamentais e decidido desenvolvê-las por elas mesmas. Trata-se, por consequência, de substituir o conceito de substância pelo da autorreferência (Probleme, 1985, 4), de substituir a hipóstase da razão pela suposição de uma relação problemática entre "redundância" e fundamento (*Begründung*, ibid., 7).

As operações são, então, os elementos do sistema, o tempo e a forma de sua possibilidade, a despeito da hipercomplexidade do ambiente. As operações estão dispostas ao longo das sequências temporais que distribuem, a cada uma, um único ponto de simultaneidade com seus ambientes e o mundo, trazendo consigo, dessa forma, para o sistema, a carga de tratamento da informação em um nível suportável. Em revanche, essa distribuição torna as operações instantâneas. A instantaneidade da operação funda sua eva-

---

[24] Ou, ainda, uma "confirmação generalizante" (*generalisierende Konfirmierung,WdG 108*). Essa terminologia é de Spencer Brown.

nescência. A operação é, então, um acontecimento que aparece em um momento, para desaparecer, na inatualidade, no momento que o segue. Ora, observando-a de perto, dá-se conta que essa evanescência, no lugar de representar uma diminuição ontológica da atualidade dos sistemas, é, bem ao contrário, um meio de promover a permanência sistêmica. Ela ocasiona garantias externas em direção a uma arquitetura extremamente fina de sustentação do sistema no "ser". Com efeito, passa-se com ela a assimilação pesada que postula uma permanência substancial, unitária e massiva, no sentido das devoluções repetidas de um momento ao outro, salvando o sistema de um acontecimento de si em um outro, e permitindo o acontecimento de condensações ou de descondensações apropriadas às sínteses correntes do sistema.[25]

A evanescência do acontecimento dessa forma de constituição temporal-momentânea dos sistemas autoprodutores funda sua flexibilidade extrema e sua abertura sobre a contingência e a variação. Jamais o campo da contingência é obstruído por uma ontologização massiva. Um sistema não pode se tornar autopoiético a não ser que adote essa forma de autodesparadoxalização pela temporalidade factual-evanescente. Qualquer outra forma partiria, rapidamente, sua autoprodução, pela supersimplificação e pela rigidez excessiva de suas estruturas.

A partir daí, um aspecto essencial da autopoiese se delimita: o da recursividade. Esse conceito pressupõe a elucidação do que em terminologia sistêmica chamamos de operatividade da vida sistêmica. Em verdade, não há acesso à autopoiese que não passe pela desconstrução dos esquematismos do sistemismo clássico e da descoberta da labilidade operativa. Assim, não há autopoiese se pressupomos as estruturas e as figuras sistêmicas comandando os processos que elas guiam no sentido de sua própria autopreservação. É preciso desconstruir toda "essência" factual de um sistema, visto que não existe nenhuma parte fora de suas operações concretas. Retornando à operação-acontecimento como única realidade sistêmica, Luhmann refere-se ao elemento basal do sistema, que pode se fundir em um meio-termo ou "se coagular" (*gerinnen*) em uma forma.[26] "O sistema consiste somente em acontecimentos tem-

---

[25] Não esqueçamos que não se trata, de maneira alguma, de uma adaptação de estruturas ou de sínteses a um ambiente real qualquer, mas da consistência dessas sínteses entre elas.

[26] Ver a propósito dessas categorias centrais do construtivismo luhmanniano EaK (em part. 48 sq.), assim como WdG 181 s. Devemos, sem interrupção, proibir-nos de entrarmos em detalhes sobre as diferenças teóricas, a fim de que se resguarde a unidade de exposição.

poralmente ligados, e não em componentes fechados (átomos, indivíduos...)" (Geltung, 1991, 280). Formas e indivíduos não são dados originários do sistema.

Se o sistema tem sua base autoprodutora nas operações, elas e os relacionamentos que elas representam e nos quais elas entram, são a matéria imediata a partir da qual se constituem as estruturas sistêmicas. Uma vez constituídas, as estruturas se tornam os elementos sobre o qual se orientam as operações em sua continuação uma a outra, ou, sua geração uma a partir da outra. Ora, como vimos, o sistema não possui nenhuma parte, nem nele, nem fora dele, de apoio, nem de critérios para governar a geração das operações – a despeito das estruturas, que são produzidas nas operações e são variáveis a partir delas. O agenciamento operativo do sistema, que o faz oscilar entre estruturas e operações, rejeita a sim mesmo, sem interrupção, – ou seja, seus elementos que são suas operações. Essa apreensão de apoio sobre o fluxo operativo que o constitui é a recursividade. Isso significa, por exemplo, para o sistema social, que não há saída fora de suas próprias operações e que essas procuram, sempre, apoio sobre elas mesmas para se modificar. Assim, a comunicação tem lugar sempre em conexão com a comunicação e não pode se completar, se transformar ou ser controlada exceto pela comunicação. (WdG 334).

O sistema se efetua recursivamente, no sentido de que ele prende sua partida nas operações que terminam na inatualidade, e de que suas estruturas se fundam nas expectativas em curso. O terreno de fechamento do sistema é a condensação sucessiva de seus estados, originariamente fluidos. Todavia, recursividade não quer dizer rede arbitrária de conexões – momento em que há o encadeamento e continuidade com os estados que precedem. Ao contrário, toda conexão é seletiva, ou seja, ela leva em consideração as operações que a precedem e aquelas que a seguem (WdG 271).

As condensações estruturais "encaminham" o sistema e orientam sua recursividade. O mecanismo central da recursão é guiado pelo código binário, que garante, em todo caso, a possibilidade e exaltação real da conexão. Significa dizer que, não importa em qual situação, o sistema está seguro de poder (continuar a) finalizar suas operações e de religá-las umas às outras, identificando-as como operações e colocando em prática, verdadeiramente, sua "distinção diretora", cujo código é a expressão precisamente operativa. A recursão codificada funda, assim, uma "continuabilidade infinita" (*unendliche/fortsetzbarkeit*, WdG 300) das operações do sistema.

Isso porque, na autopoiese, não se consegue jamais um termo. Toda operação traz, sempre, do fato mesmo de seu acontecimento, uma outra possível. O problema dos sistemas autopoiéticos está ligado à continuabilidade, da autodependência (*Selbstabhängigkeit*, WdG, 538), que impede que eles possam se aproveitarem, se totalizarem ou se fundirem em um enunciado ou princípio total. Em verdade, se o sistema autopoiético não pressupõe nada além dele mesmo e seu passado imediato, ele resta sem conclusão e se abre, com cada operação. Essa operação é, a cada vez, efetuada pela referência ao contínuo temporal-factual que a precede, sobre um futuro que não tem termo teleológico, mas não é dado senão na medida onde o sistema resta capaz de assegurar sua própria reprodução recursiva. Dessa maneira, o sistema é sistema atual. Sua memória, seu reservatório de saber disponível, não possui nenhuma realidade – nem função dirigente.

A abertura ao futuro lembra-nos de que a condensação estrutural se faz segundo dois métodos principais. As estruturas, em verdade, não podem ser perfeitamente congruentes com as expectativas que elas deveriam orientar, e abrem, desde então, a escolha entre uma modificação de expectativas num processo de aprendizagem, ou, por outro lado, lhes mantém, a despeito de sua decepção. Reconhecemos os dois tipos de expectativas: normativas e cognitivas. Para tanto, nesse exame entre as estruturas e as expectativas, Luhmann vai enunciar, a partir de uma teoria autopoiética do conhecimento, o princípio de uma complementaridade do conhecimento do Direito, por ele apresentado como uma complementaridade inelutável e necessária de seus tipos de expectativas: "Não há ciência se não existir Direito e vice-versa" (WdG 139). Diz-se que a autopoiese do conhecimento não pode falar de momentos de conservação das expectativas no processo de autoaprendizado. Ela não pode ocorrer se o salto (*le sich schwigen*) das operações cognitivas de uma sequência temporal a outra não pudesse se fazer sem a ajuda de estruturas moles (características da cognição). Sem a opção de sua própria conservação além da decepção das projeções de sentido cognitivas que ele efetua, um sistema se liquefaria numa contingência. Ele desistiria, por si mesmo, de impedir de se tornar irredutível. Na ausência de toda referência externa e na transferência da autopoiese sob suas próprias operações, revela-se a necessidade de um tipo de síntese de operações que impeça que suas contribuições à vida sistêmica não sejam recolocadas em questão todas ao mesmo tempo, queimando, assim, toda estrutura, e liquefazendo o sistema.

A complementaridade dos dois modos de expectativa remete--nos, ainda, mais uma vez, às diferenças, às oposições, às disparidades internas, ao sistema. Contudo, deve-se, sempre, manter que a *inconsistência ou o paradoxo* não são elementos ontológicos, mas a *própria condição da flexibilidade* e da mutabilidade das *estabilizações sistêmicas*. O paradoxo é fundado no próprio feito da hipercomplexidade essencial do mundo, de sua estrutura "horizontal" como reserva de complexidade e de contingência infinita. A unidade de toda distinção diretora-primária, abre um sistema inteiro e funda uma função completa. Isso se dá na unidade de sua diferença, ou seja, na unidade de seus termos contraditórios que, para Luhmann, é o mundo. A autopoiese funda-se no paradoxo primordial, e o paradoxo é fundado na autopoiese. Ambos são *baseados no mundo*, assim como a ideia e o próprio horizonte de uma *supercomplexidade irredutível*. O mundo é, por assim dizer, um fluxo não reprimível de complexidade, transbordando de um excedente, superabundante de distinções possíveis em relação a tudo que é real. O mundo representa uma abertura sobre a contingência que nada pode impedir. Ele é o "ponto cego" (*der blinde Fleck,* WdG 212) *de toda distinção*. Nenhuma distinção pode se distinguir dela própria no nível da observação que a conclui. Ele é a referência, sempre pressuposta, de todas as distinções e de suas referências, as quais não podem se refletir, ultimamente, nelas próprias. Toda visão do mundo, ou de um aspecto do mundo, origina-se de uma diferença que não pode ser ocorrente nela mesma. As tentativas de uma reintrodução da diferença em si mesma, conduzem o Direito ao paradoxo e à referência-mundo, que, por seu turno, não pode fechar.

À diferença de uma máquina trivial, que encadeia suas operações na execução de um programa e que é fechada e cega em relação ao seu ambiente, uma "máquina" autopoiética é uma "máquina histórica", que a ela mesma com o decorrer do tempo, aberta sobre a contingência irredutível do mundo e pronta a aprender. No entanto, o paradoxo que nós reencontramos mais uma vez, é que o sistema autopoiético não pode se *realizar sem a abertura* sobre o mundo *por seu próprio fechamento*. Em verdade, o sistema é melhor acoplado ao seu ambiente, do qual recebe toda a sorte de determinações físicas, reservando a si mesmo a organização do nível de complexidade de suas operações.[27] Ao abrir-se ao ambiente sem um filtro, o sistema seria arruinado pelo fluxo de estímulos externos e seria, de pronto, inteiramente desmembrado. A filtragem de um sistema autopoiético é completa, no sentido de que toda influência externa é retraduzida, de numa linguagem absolutamente incomensurável que gera uma irritação, em uma operação própria do sistema. *"Nenhuma operação do sistema" constitui uma "imagem (Abbildung, ou calco), uma cópia, imitação ou representação"* de qualquer coisa que chega no ambiente. Os sistemas autopoiéticos podem, com isso, rotineiramente verificar sua adequação ao seu ambiente.

Os esquematismos evolucionistas são, dessa maneira, essencialmente inapropriados para pensar as relações no seio da dualidade sistema-ambiente. Logo, deve ser descartada a interpretação que entende a atividade do sistema como ordenação a uma *adaptação* máxima ao seu ambiente. O sistema não é, de forma alguma, adaptável a um ambiente qualquer, pois *todo contato do sistema* é um *autocontato* do sistema com ele mesmo. Em nenhuma parte o sistema pode se encontrar com um ambiente que ele próprio já não tenha produzido em si mesmo e que lhe demandaria as performances de adaptação concreta à sua "realidade objetiva".[28] Cada sistema gera um "mundo-próprio" (*Eigenwelt*, WdG 207), que não pode ser concebido como isomorfo a algum outro (mundo gerado por um outro sistema). A noção de "fechamento" ou clausura sistêmica (*Schliebung*) é compreensível a partir daí. Ela não quer dizer nada senão que o sistema não reconhece as ocasiões ou incitações a modificar seus estados próprios por outros estados próprios (WdG 277). Um sistema autopoiético é sempre dotado de uma "sensitividade para efeito de suas próprias operações" (ibid., 278).

Não se aponta, aqui, o antigo *problema de existência do "mundo exterior"* ou da "realidade" da relação do sistema (sujeito) com seu ambiente (objeto). O problema é, em verdade, frequentemente colocado pelos adversários do construtivismo, que, não vislumbram, por certo, uma repetição das contradições do subjetivismo transcendental da tradição filosófica. A dificuldade, no fundo, é a seguinte: qual é o *estatuto ontológico* – tanto do *sistema* como de seu ambiente? A resposta de Luhmann é , por assim dizer, desarmante: os sistemas

---

[27] Há aí, em relação à teoria sistêmica tradicional, um basculamento dos "input-tipo descrições", ao inverso do "fechamento-tipo descrições", para acompanhar Varela – citado por Luhmann, RdG 69.

[28] Não há "garantia de realidade" fora da condensação e da confirmação das operações internas do sistema. (cf. WdG 517).

existem e se encontram em uma relação factual e empírica com seus ambientes.[29] Tanto a atividade dos sistemas, como a interação entre sistemas e ambientes, são as *realidades empíricas* que formam o ponto de partida da teoria autopoiética. Isso porque não se deve, contudo, confundir autopoiesis com *authypostasis*.[30] No mundo ao redor do sistema, podem subsistir outros sistemas autopoiéticos que, sendo todos acoplados entre si, não se sobrepõem . Luhmann distingue três grandes tipos de *sistemas autopoiéticos acoplados, mas não sobrepostos:* os sistemas biológicos (a vida), psíquicos (a consciência) e comunicacionais (a sociedade).[31] Pode-se encontrar um acoplamento estreito entre os três "sistemismos" em uma articulação complexa que é a pessoa humana, sem que se tenha que postular, para ela, uma fusão qualquer de operações sistêmicas heterogêneas. Bem ao contrário, a teoria autopoiética nos permite postular uma "separação radical dos sistemas" (WdG 34).

3.4. O Direito autopoiético

3.4.1. Suas referências

Tentamos expor, na concisão que se impõe, algumas das principais figuras do novo paradigma. Tentamos, ainda, explicar porque, ao contrário do método praticado até então, uma familiarização com essas figuras deveria preceder sua aplicação ao Direito – a qual não terá, desde logo, maior dificuldade. Resta darmo-nos conta dessa aplicação e propor uma apreciação.

A primeira *Rechtssoziologie,* tal qual Luhmann a via, há vinte anos de distância, e, ao ponto de alcance de seu *Recht der Gesellschaft,* apresentava-se como uma *teorização* essencialmente *evolucionista* do Direito, fazendo frequentemente proveito da teoria sistêmica sem poder colocar-se suficientemente a par dela. A ambição da segunda é precisamente assentar a teoria e a sociologia do Direito sobre o solo sistêmico, fornecendo-lhes os meios categóricos e conceituais necessários. Essa ambição passa por uma leitura autopoiética do

---

[29] Ver artigo crítico de Nassehhi em Krawietz-Welker, 1992,43-70.

[30] Um conceito de Luhmann (WdG 30) emprestado de Nicolas de Cues.

[31] Uma definição autopoiética da consciência se formularia da seguinte maneira: "Os sistemas da consciência são os sistemas operativamente fechados, autodinâmicos, agitados e febris, de reprodução de pensamentos próprios pelos pensamentos próprios." (WdG 45).

sistema jurídico. "O Direito da Sociedade" deve poder se manter em um alto nível de abstração e de performance no coração de uma comunicação social, na qual as teorias autorreferenciais fazem com que compreendamos melhor a complexidade. A *teoria do Direito deve*, por conseguinte, *marchar em coluna cerrada* com os desenvolvimentos de uma *teoria da sociedade"* capaz, a partir daí, de ir além na exploração das potencialidades reflexivas do sistemismo. Para a teoria e a sociologia do Direito, isso significa, todavia, que será preciso assinalar o desafio da autorreferência, com todas suas circularidades e paradoxos. Um desafio que Luhmann estima ser "uma das grandes aventuras intelectuais do tempo presente" (*Probleme*, 1985, 7).

Começaremos nossa exploração do Direito autopoiético por seus aspectos "clássicos". Unidade, autonomia, fronteiras do sistema jurídico. Tais conceitos, dito de outra forma, referem que um sistema – e não vários – permite sua autodefinição, identificando suas próprias operações na mesma proporção dos aspectos que devem ser repensados por intermédio de novas figuras da autopoiese. Ora, até então a teoria havia tentado compreender a quase totalidade dos fenômenos do Direito funcionalmente diferenciado a partir dos processos de *positivação*. A grande novidade da última sociologia jurídica luhmanniana é precisamente a tese de que a positividade é, *a partir de então, insuficiente para explicar* isso que o *sistema jurídico* é hoje, como ele realiza sua função e quais são as evoluções internas que ele conhece. Será preciso, então, ir além de uma análise da autonomização por diferenciação. Há, na verdade, ainda, toda uma *lógica* extremamente sutil da *autoprodução* a ser descoberta além da separação do Direito do conjunto de ordens normativas e da desconstrução da isomorfia que existia entre ele os grandes sistemas autonormativos (moral, religião e, em parte, política). O reconhecimento dos processos de geração do Direito a partir do Direito segundo critérios puramente internos conclui-se sob a linha de uma análise evolucionista da positividade, insuficiente para um Luhmann, cujo destino de sua grande travessia autopoiética e o conhecimento e a socialidade. Precisamos aprender a ler, com Luhmann, a autonomia do sistema jurídico em seu nível básico de realização contínua de operações (jurídicas) mutualmente conectáveis e autorreprodutoras.

A mudança decisiva que relativiza a penetração e a radicalidade da perspectiva aberta pela positivização é uma *dupla mudança de referência,*[32] a saber: a referência sistêmica própria do Direito de um lado e sua referência social do outro. Tentaremos explicitá-los sucessivamente.

A mudança nasce de uma tomada de consciência da *autorreferencialidade de toda observação*[33] pelo sistema – tanto de seu ambiente como de si próprio –, do mesmo modo que esses dois tipos de observação são realizadas por um terceiro observador (que observava como o sistema observa seu ambiente e observa a si próprio).[34] A referência reflexiva dessas observações significa, para o sistema jurídico, logo de início, que *toda* observação *jurídica se efetua numa rede que se tece ao mesmo tempo, e pelo fato dele operar.*[35] A rede não precede os elementos, nem os elementos à rede. As categorias jurídicas que permitem identificar uma operação como jurídica são elas mesmas o produto de operações jurídicas – de modo que as categorias ou os critérios do conhecimento são elaborados em suas próprias operações cognitivas, ou que os componentes da vida celular são, ao mesmo tempo, pressupostos e produzidos por ela. Assim, a referência sistêmica de uma operação qualquer deve sempre ser clara, e, no caso dos sistemas autopoiéticos, ela é sempre imanente ao próprio sistema. Não há ponto de vista ou de distinção alienados do sistema que pudessem orientar sua reprodução operativa. O Direito é um sistema no qual o fechamento é irredutível e não relativizável. Ele não pode ser mais ou menos fechado, mais ou menos autopoiético, porque suas operações não podem ter referência fora dele mesmo. Não há *gradualidade na autopoiese:* ou o sistema é autoprodutor, ou ele não o é. Há, aí, uma "dureza inflexível" na alternativa[36] (WdG 553).

Existe, todavia, um outro tipo de referência implicada nas operações sistêmicas. Na verdade, na autorreferência do sistema e de

---

[32] Ou, mais exatamente, mudança na significação da referência.

[33] Lembremos de que se trata, aqui, da observação no sentido técnico (da cibernética de segunda ordem) explicitado anteriormente.

[34] Este segundo observador tem, em geral, um interesse científico na observação. Toda observação que deseja conhecer a maneira pela qual um objeto é observado (ou construído), para conhecê-lo e provar sua consistência, é de uma natureza especialmente cognitiva que se qualificaria comumente de científico.

[35] "Nós operamos", diz Luhmann, *WdG* 133, "na rede que se tece ao mesmo tempo em operamos nela." (*indem wir in ihm operieren* – o *idem* tem duplo sentido). Ele pode significar: ao mesmo tempo e do próprio fato em si. Um duplo sentido semelhante obscureceu, por longo tempo, uma célebre passagem de Platão (Timée, 37 d 5).

[36] C.f., igualmente, (*Probleme*, 1985, 2). Teubner tentou, contra Luhmann, suavizar esta alternativa por uma análise mais concreta, mais próxima dos processos reais, o que ele chamou de hiperciclo autopoiético do Direito (1989 em geral e p. 46 em particular).

suas operações resta uma referência paradoxal, no sentido de que ela se remete à sua própria contingência. As distinções orientam as operações ao mesmo tempo em que são elaboradas nelas, podem ser outras e variam, de fato, ao ritmo das mudanças graduais e contínuas das operações correntes. Ora, a referência dessa variabilidade, por si só, não pode ser o sistema, já que ele não é nada mais do que o processo de desparadoxalização contínua, no tempo, da facticidade e da contingência de sua ordem. Existe uma *referência última de todos os sistemas sociais,* que é a *sociedade (die Gesellschaft).* Dizer que todo sistema se remete à sociedade como horizonte de suas distinções originárias, é asseverar que a referência sistêmica da autopoiese não é um determinante interno maciço e fechado de forma perfeita, mas que qualquer coisa à sua volta se remete ao horizonte indefinido de contingência das próprias referências sistêmicas. A sociedade é o *horizonte da arbitrariedade das distinções.* Mais precisamente, a verdadeira referência de todos os sistemas que colocam em prática as operações mediatizadas pelos sentidos (*sinhaft vermittelt*), ou seja, os sistemas constituídos pelas operações basilares – que são as comunicações –, é a sociedade.

O programa sociológico da maturidade luhmanniana é estabelecer a nova referência sistêmica "sociedade" para todos os sistemas comunicacionais sociais (como a economia, a ciência, o Direito, a arte, a política...). Os diferentes sistemas não podem ser lidos, senão na sua *socialidade,* como as estruturações operativas temporalizadas da comunicação, desenhando-se sobre o fundo da contingência inesgotável e não ultrapassável que é a sociedade. A sociedade é, como o mundo, o horizonte da sobrecomplexidade comunicacional possível, que suscita, sempre, a sistematização autorreferencial – já que não encontra apoio fora dela mesma. Assim, *toda operação* jurídica (ou científica ou pedagógica...) é uma *efetuação da sociedade* (*Vollzug von Gesellschaft,* RdG 8).[37] Luhmann não verifica, aqui, a sociologia de subsistemas sociais como entidades autônomas, tendo, neles mesmos, seus principais reitores e organizadores, bem como suas estruturas de acoplamentos com outros sistemas. De nenhuma maneira, e em nenhum ponto de vista, esses sistemas não podem aparecer como unitários, organizados e fechados sobre sua fábrica interna. É em face desse risco de incompreensão da teoria autopoiética do sistema, que Luhmann parece, por sua insistência sobre a unidade, fechamento, autorreferência e autoprodução, reintro-

---

[37] Uma outra fórmula diz: "efetuação da comunicação social" (*Codierung,* 1986, 180).

duzir o paradigma desconstruído tão radicalmente pelo primeiro Luhmann, no qual nasce a insistência sobre a referência social. Se uma sociologia do sistema jurídico autopoiético não é possível de ser pensada como uma teoria do Direito *da sociedade*, significa dizer que o Direito não é fechado, autorreferencial e autoprodutor, uma vez que ele é a efetuação da sociedade no sentido do horizonte da contingência comunicacional inesgotável e sem garantia. A *sociedade,* tal qual a concebe Luhmann, *não pode se organizar senão pela autopoiese.* A mínima estruturação somente pode ser suposta e ocorrer por ela mesma. Ela não pode desparadoxalizar essa sua autorreferência mediante uma temporalização de seus paradoxos (que adquirem a forma de uma continuidade operativa autoalimentada). O afastamento da estruturalidade em direção a operatividade na arquitetura da teoria renovada exprime bem essa ideia. Tudo, nessa última "teoria da sociedade", é ancorado nessa compreensão extremamente enigmática do que é uma sociedade (funcionalmente diferenciada) – compreensão que não pode ser alcançada senão ao término de uma prática suficientemente longa dos diferentes conjuntos da teoria e do mistério de suas abstrações. O percurso que nós fizemos, de múltiplos traçados, que precederam e prepararam esta forma madura da teoria, revela-se, a toda evidência, indispensável.

3.4.2. Sua clausura

Luhmann reafirma, com toda transparência, para o Direito: deve-se seguir as sugestões contidas na teoria renovada dos sistemas e se reportar às estruturas sobre as operações. "O Direito não tem sua realidade em ideais estáticos, mas exclusivamente nas operações que produzem e reproduzem o sentido especificamente jurídico" (RdG 41). Da mesma forma, é sobre a base de suas operações que o sistema jurídico realiza sua clausura. Essa *clausura (Geschlossenheit)* não possui conexão com o *fechamento (Abgeschlossenheit),* que seria o *isolamento (Isolation)*[38] perfeito do sistema de seus ambientes físicos ou energéticos. Não se trata de postular um sistema, por assim dizer, planetariamente solitário, que não entra em interação com nenhuma realidade fora dele. Muito pelo contrário, são esses acoplamentos físicos, biológicos ou psicológicos (para

---

[38] Essas distinções são feitas pelo próprio Luhmann, RdG 44.

os sistemas comunicacionais) que lhe dá seu ancoramento com a realidade, sem, para tanto, interferirem, de qualquer maneira, na sua autonomia informacional ou semântica. A clausura do sistema jurídico – como de todo e qualquer outro sistema comunicacional autopoiético – é um "encerramento operativo", perfeitamente compatível com uma abertura e uma dependência ambiental muito real. No mais, é esse o sentido mesmo de sua realização pelo sistema e da emergência da autopoiése em si; essa clausura é a *pré-condição da abertura, a maior possível, à contingência do mundo* ao redor dos sistemas. É, na verdade, uma lei sistêmica que nós já conhecemos, e que se concede maior precisão ao quadro autopoiético. Quanto menor a isomorfia entre o sistema e seu ambiente, menos o sistema é sensível às variações ambientais, adquirindo, dessa maneira, mais latitude e liberdade para se tornar compatível com um número cada vez maior de estados do mundo.

A sobreposição da teoria sobre a operatividade anda, é claro, no sentido de uma grande flexibilidade, se não de uma liquidez dos sistemas. As estruturas – normas e regras para o sistema jurídico – não são mais compreendidas como algo essencialmente diferente das operações (as ações e as decisões). Elas não representam outra coisa senão os estados de fusão, por assim dizer, das operações resultantes de suas condensações e suas confirmações contínuas – ou, ainda, de bifurcações e diversificações delas mesmas. Logo, os sistemas se apresentam como conjuntos temporais-históricos que "fazem tudo o que eles fazem pela primeira e última vez" (RdG 49). Temos, aí, uma fórmula poderosa, que consigna o *desvelamento referencial total* que retira toda a cobertura e torna a *factualidade definitiva da socialidade* como nua, como um simples acontecimento de si mesmo. O trabalho árduo a respeito do conceito da autopoiese pode ser interpretado como uma tentativa de formulação desse absoluto desvelamento, promotor de um contingenciamento (liberação) insuspeito da comunicação. A operatividade, substância do sistemismo tardio de Luhmann, é uma expressão teórica ainda mais abstrata do fenômeno da dissolução do que é firme (*das Feste*) no fluido (*das Fliebende*),[39] fenômeno que, para Luhmann, é o centro da diferenciação funcional e da socialidade modernas.

Com a operatividade, o curso do sistema se torna manifestamente circular. A efetuação da autopoiese vai das operações às es-

---

[39] Fazemos alusão à fórmula citada anteriormente em Recht, AS 1, 190: "Das Feste wird dann auf Fliesende gegründet."

truturas, e retorna destas às primeiras. O sistema é autorreferencial, pois ele reenvia os acontecimentos a outros acontecimentos na recursividade de uma referência, colocando em contato as operações jurídicas com outras operações jurídicas (RdG 57). Esse círculo não tem começo nem fim. A única questão que se coloca é a concernente à *especificidade das operações jurídicas:* como o sistema jurídico reconhece suas operações e como adquire sua autonomia? As direções de resposta são familiares: o sistema é autônomo pelo fato – ou pelo acontecimento – de sua autolimitação. Ela se baseia sobre a dicotomização de seu valor central, o Direito (*Recht*), em um código binário do "Direito" (*Recht, ius*) e do "não Direito" (*Unrecht, iniuria*), assim como sobre a especificação das expectativas sociais orientadas sobre o Direito como das expectativas mantidas contrafaticamente. A regulação dessas expectativas exalta o código jurídico em si que é o instrumento enevitável e universal de uma "naturalização" de acontecimentos ambientais em acontecimentos do sistema. O código do Direito transforma toda a comunicação em comunicação jurídica. A concepção autopoiética permite-nos completar a teoria do código, especificando o nível "cibernético" de sua operação. Na verdade, o *código* se revela um *esquematismo de observação de segunda ordem,* e se encontra, então, em franca divisão com toda normativação bruta ou espontânea. O código é *despojado de toda* a juridicidade ou *normatividade intuitiva,* que pode, ainda, aderir ao primeiro sentimento do Direito (ou "não Direito", no sentido de uma violação jurídica). Ele corresponde a uma observação não imediata de um acontecimento relevante do Direito, mas de uma observação dessa primeira observação que permite o pronunciamento sobre o pertencimento do acontecimento ao sistema jurídico. O código bloqueia a normatização selvagem e rarefaz o acesso ao sistema como pré-condição para restituí-lo mais consistente e mais performante.[40]

A partir disso, reencontraremos o que a sociologia jurídica luhmanniana elaborou muito bem: o princípio da autonomia como um princípio de competência exclusiva do sistema para estatuir o que pode se juntar a ele e aquilo que a ele não interessa; o princípio do clausura normativa associado a uma abertura cognitiva do sistema, e sua combinação nos programas condicionais; a problemática dos

---

[40] O exemplo da descrição autopoiética da autonomia do sistema demonstra que os ganhos de inteleção em relação aos estados anteriores da teoria não são sempre decisivos. Os resultados da aplicação do paradigma da autopoiese a este aspecto da autonomia do Direito não são muito mais ricos que os obtidos por meio da aproximação evolucionária do segundo período. O interesse do novo paradigma se aloja, por vezes, na elaboração de fórmulas de uma generalidade mais elevada e mais rigorosa, que não são, todavia, imediatamente fecundas.

riscos, como o da remoralização de uma parte do Direito (contaminação normativa) ou o de sua cognitivização (contaminação cognitiva) – esses riscos são determinados, nos dois casos, pelo crescimento da complexidade interna e externa do sistema; ou, ainda, o risco de uma tomada de influência externa sobre o Direito (pela opinião, por exemplo). Por tudo isso, verifica-se o princípio da inacessibilidade do Direito a todo tipo de estimulações, irritações ou ações brutas – tanto que elas não são transformadas em operações internas do sistema-. Luhmann é categórico: *"O princípio do encerramento normativo* do sistema jurídico *vale sem exceção"* (RdG 95, grifo nosso). Também, as tentativas (de um Habermas) de uma requalificação moral da validade jurídica como único meio de legitimar a política, que alimenta a criação normativa, são condenadas a se destruirem em face da incindibilidade desse princípio. *No Direito autopoiético, a recursividade operativa toma o lugar da legitimidade* (cf. *WdG* 478) – uma legitimidade a qual o conceito "não pode mais ser hoje, o que era antigamente, um conceito jurídico." (*Rechtsbegriff*, sBR 25).[41]

3.4.3. Sua legitimidade

A consequência é a autonomização total da "legitimidade" jurídica (*Rechtsgeltung*), que não *pode,* então, ser atribuída a outra coisa que não ao sistema jurídico em si mesmo, tornando-se o único símbolo de sua unidade.[42] Assim estabelece-se para Luhmann um fato de alcance maior: a legitimação do sistema jurídico é adquirida pela ficção legal de uma validade positiva de suas normas – *mantidas fora de toda referência axiológica.* O problema de uma fundação racional,

---

[41] Para Habermas (1992, 165), o Direito tem uma característica autorrelacional (Habermas diz *selbstbezüglich* e a viu em qualquer coisa que se assemelha muito à autorreferencialidade luhmanniana, com a qual ele gostaria, parece, marcar distância) que constitui um risco específico ao meio jurídico da comunicação. Ele poderia, na verdade, dar a ilusão que é possível passar uma legitimação expressa (que Habermas identifica no princípio da legitimidade – *Geltung*) dos Direitos factuais. No futuro (transcedental) do sistema de Direitos e de sua concretização numa Constituição e ordem legal, Habermas reconstrói o momento estrutural de uma soma da "carga da legitimação da posição do Direito". Essa soma repassa a carga das "qualificações cívicas" (*Staattsbürgerqualifikationen*) aos "procedimentos juridicamente institucionalizados" da decisão – discursivamente elaborada, no modelo habermasiano. A "juridicização da liberdade comunicativa" faz, todavia, um dever, ao Direito: o de encontrar as "fontes de legitimação a qual ele não pode dispor". É razoável supor, aqui, que esse é um pensamento de antítese ao de Luhmann.

[42] Do mesmo modo, filósofos e teóricos estão à procura de um "fundamento (*Begründung*) jurídico da legitimidade Do Direito" (*Positivität*, 1988, 11- destacado no texto), ou, ainda, "de argumentos jurídicos para o caráter não arbitrário do Direito" (*ibid*,13).

ou, de outra maneira, legitimante da validade jurídica, deve ser, se tentamos solucioná-la por uma desparadoxalização, remetida a um fundamento exterior ao Direito e à Teoria do Direito – ou seja, um fundamento não normativo, no qual o debate e a decisão são políticos. Todo ensaio de fundação da legitimidade do Direito em uma metanorma bloqueia o sistema, que deve ser compreendido – na sua positividade – como uma "máquina histórica", que se transforma em uma outra máquina em cada operação que ela efetua. Portanto, é o *tempo* que constituiu o único e inevitável fundamento da validade (RdG 110). A referência da legitimação de uma instância hierarquicamente superiora para o tempo permite que se faça a economia de uma "legitimação normativa da validade" (RdG 110).

A validade é, do ponto de vista da autopoiese, como o dinheiro na economia: um "símbolo circulante" (ibid., 107) que assegura a reprodução do sistema e a colocação de resultados recursivos de toda operação em relação às operações que a precederam. Um símbolo é um tipo de rasgadura da comunicação, que faz com que, cada vez que ele se apresente, ele exija a conexão de sua parte complementar.[43] O pagamento monetário exige, em resposta, um outro pagamento monetário, que, por seu turno, reconstitui a capacidade de pagar junto a um dos participantes da comunicação econômica. Do mesmo modo, a validade jurídica como símbolo circulante através de todas as operações do sistema jurídico, exige a conexão de umas às outras e pede que a cada transporte de validade – ocasionado pelos atos especificados da comunicação jurídica[44] –, responda uma continuação e uma promoção da validade – nas operações jurídicas que se associam. O futuro do sistema deve resultar unicamente dessas associações ou conexões autopoiéticas. Essa recursividade operativa continua fundada na "limitacionalidade" do sistema das escolhas e de sua variância. Na verdade, a fluidificação operativa do Direito, que lhe faz *perder todo apoio e toda validade fora* de suas próprias operações, *não o libera para o arbitrário*. Em outros termos, a teoria autopoiética do Direito não é um decisionismo. O Direito positivo autopoiético não é, certamente, ligado a nenhuma norma ou princípio absolutos, e pode ser legalmente modificado – até em seus

---

[43] Luhmann oferece, na *WdG* 189 s., uma interpretação ainda mais complicada – que parte da etimologia do termo, assim como de uma citação de Novalis ("os símbolos são as mistificações") – para fazer do símbolo uma estratégia de invisibilização do paradoxo.

[44] Como precisa Luhmann, nem todos os atos jurídicos transportam a validade, mas unicamente os que possuem o caráter de decisões juridicamente efetivas (*Entscheigungen, RdG* 107).

fundamentos, os mais inquestionáveis. Entretanto, devido à sua recursividade operativa, ele se submete a uma dupla (auto)limitação de seu sistema:[45] a primeira é a "instabilidade de seu princípio de validade" (sBR 27), que faz com que um *decisionismo não possa tomar corpo*, já que a lógica do sistema vai ao encontro de um apelo à decisão para instituir a ordem sistêmica e *inscrever*, bem ao contrário, *a instabilidade decisional no coração do sistema*. E essa (instabilidade), ela (autolimitação) realiza-se jogando a decisão aos programas condicionais do sistema e de sua revisibilidade, e isso a partir das irritações provenientes de seus ambientes – mesmo os mais moventes, como a política. A segunda limitação reside na "centralizabilidade insuficiente do material jurídico" (*Rechtsmaterial*, ibid.), ou seja, das decisões particulares e a impossibilidade de mudar todo o Direito "de uma vez" (*alles auf einmal*, ibid.).

Assim, o problema da validade deve ser reformulado no quadro sistêmico em geral e autopoiético, em particular. A problemática das razões da validade (*Geltungsgründe*), de sua *justificação ou legitimação* discutida, esbarra, sem parar, nas construções ontologizantes que desconhecem a autorreferência e a recursividade do Direito. É preciso se interessar, antes, nas *condições da validade (Geltungsbedingungen, Geltung* 1991, 278). Elas retomam o questionamento sobre a "fonte" de validade *versus* "circulação", ou, ainda, o questionamento sobre o que ela representa frente ao que ela permite conectar (ibid., 281). Poderíamos, então, ver como a validade pressuposta e simbólica "a continuidade na descontinuidade", ou, mais genericamente, "a autorreprodução do Direito" (ibid., 280). Toda mudança que se refere ao Direito é, na verdade, a mudança de um Direito válido. "O símbolo da validade... deve ser transmitido" (ibid.) de uma operação jurídica à outra, e marca o lado conectável da operação. Logo, o lado da não validade, que seria, na terminologia de G Günther, o "valor de reflexão" (*Reflexionswert*), é completamente não conectável. Luhmann pretende demonstrar que a validade não é uma norma, mas, como ele diria, para além da igualdade, uma "forma" que pressupõe, sempre, um "outro lado" da distinção que a identifica, a saber: a não –validade. O sistema é, aliás, incapaz de "negociar" (*Prozessieren*, cf. ibid,. 281) as unidades massivas – à maneira dos valores ou os ideais da ontologia – e não há nada a fazer a não ser as distinções. Isso ocorre porque *ele não pode ter somente o*

---

[45] Luhmann distingue as restrições do sistema por seu ambiente daquelas que ele se impõe. Ora, ele segue uma "restrição de operações do sistema para o sistema" que limita o arbitrário principal do sistema.

Direito e a validade no sistema jurídico, mas, igualmente deve ter o "não Direito"(Unrecht) e a não validade, o não Direito, valendo, ele mesmo, como não Direito e continuando diferente de um Direito não válido (cf. ibid.). "Não há outra possibilidade de realizar a unidade a não ser operar no contexto de diferenças" (ibid., 284). Dirigir-se diretamente à unidade e interpretar, em uma intuição ou uma idealização, como pensava a metafísica, exalta os pressupostos que o aumento de saberes, a emergência de modelos altamente abstratos e sua capacidade de se dar conta de uma profundidade complexa, até então insondada, tornaram completamente desusados.

O que resta é um tipo de *afinidade* particular *da validade* como símbolo circulante *com a operatividade* sistêmica, que a faz nascer e morrer em cada acontecimento relevante do sistema e a instala numa autodependência circular que se regenera com seu próprio fim. A referência temporal manifesta da validade jurídica a desenha, por uma epistemologia construtivista, como um modelo sob o qual alinha a validade do conhecimento. A validade científica não seria mais que o *fato* de que não há lugar para se fazer uso da reserva da crítica e da revisão (*Kritik – und Revisionsvorbehalt*, WdG 418)[46] no tocante a qualquer enunciado teórico. Essa reserva constituiria a base de sua validade. Os enunciados científicos de leis objetivas valeria, "como as leis jurídicas, até à nova ordem" (WdG 443), e valeria, sobretudo, na e pela continuidade processual-operativa de sua pressuposição ou conexão de um momento a outro e de uma operação à outra.[47]

3.4.4. Sua reflexão dogmática e teórica

A autopoiese do Direito não é um dado bruto ou um processo em terceira pessoa, no qual essa pessoa tem um lugar factual e o Direito é o objeto. Um sistema não pode se tornar autopoiético exceto se for capaz de organizar, por si mesmo, sua autorreferência, ou seja, de se observar de maneira autorreferencial. A autopoiese pressupõe uma certa medida de *auto-observação,* um relato de si, que não vive no imediatismo do relato de primeira observação, mas se

---

[46] Aproximada da noção epistemológica de "testability" (de todos os enunciados).

[47] A originalidade da tese reside na integração da operatividade recursiva da validade assim como de sua simbolidade circulante (e circular) à uma teoria da falsibilidade, que não é mais desconhecida desde Popper.

constrói como uma operação de segundo grau pela qual a primeira operação (no caso específico, um ato jurídico) é observada em sua maneira de observar. Ou seja, para ser considerado autopoiético, o sistema tem de colocar uma distinção, de estruturar a realidade e de construir o objeto jurídico. Por outro lado, a primeira diferenciação de um sistema jurídico pressupõe uma capacidade de reconhecimento de si próprio, do sistema e da manutenção de sua unidade. Esse reconhecimento toma a forma de uma *dogmática jurídica*. Essa dogmática é o órgão da observação do sistema jurídico por si mesmo, no quadro de sua própria referência.

A diferenciação funcional e o encerramento operativo impõem à dogmática a obrigação de refletir, na sua observação, o fato autorreferencial, e, de imediato, de se complexificar desmedidamente, desde que a dogmática se autotematize e se torne, assim, ocorrente em si mesma. Ela deve ressaltar os paradoxos de uma reintrodução de sua distinção diretriz nela mesma. A emergência do sistema na autopoiese coloca sua auto-observação interna diante dos problemas de uma complexidade epistemológica extrema. É aí que intervém a *teoria jurídica (Rechtstheorie)* como uma reflexão do sistema, não implicada nas orientações normativas e preparada para as armadilhas da reflexividade. Sua variante sociológica indexa a observação de segundo grau do sistema jurídico sobre uma "teoria da sociedade" e compreende a comunicação jurídica como "efetuação da sociedade" (*Vollzug von Gesellschaft*, RdG 8). Um sistema jurídico operativamente autorreferencial não pode refletir essa dimensão, sob pena de interromper o cumprimento de sua autorreferência. Pensar o Direito positivo e reflexivo de nossa modernidade supõe uma "autoindicação" (*Selbstbezeichnung*, que traduz a noção de *self-indication* de Varela),[48] da qual ele não pode se esquivar. *Não há autonomia jurídica do tipo autorreferencial, sem autodescrição interna, que tenha uma reflexividade mínima.*[49]

Em relação à problemática clássica da consistência, para um observador interno[50] do Direito, centrado em torno dos temas da exceção (no seio da ordem jurídica) ou da orientação extrajurídica

---

[48] C.f. *Probleme*, 1985 3-7 e, sobretudo, *WdG* 525.

[49] Uma maneira mais simples de explicar a função da auto-observação (*Selbstbeobachtung)* na autopoiese é aquela que vê nela uma redução da complexidade interna, também necessária, onde a redução orienta as operações basais, assegurando a efetuação e a recursividade do sistema. (cf. *WdG* 287).

[50] Ou seja, de um observador jurista (dogmático do Direito) do observador (i.e. do prático) jurídico.

de certas decisões jurídicas (apelando à razão do Estado, por exemplo), a problemática autopoiética é, logicamente, mais complexa. Se os observadores de uma e de outra problemática[51] giram, fundamentalmente, ao redor da mesma questão: o Direito é "Direito" (justo)?, o primeiro refuta o paradoxo e assimetriza a circularidade da referência, designando as referências anteriores; o segundo, ao contrário, concebe a circularidade como inevitável e a aloja no código sistêmico (binário), impondo-lhe uma simetria particular. Pelo fato da *admissão da circularidade* e da "reticulação recursiva' (*rekursive Vernetzung, Positivität*, 1988, 20) das observações (de diferentes ordens), o *segundo observador é imunizado contra todas as tentações* de privilegiar quaisquer posições *ontológicas* ou axiológicas. Em verdade, esse observador não confere a ele mesmo nenhuma preeminência e não conhece o observador último ou "verdadeiro"- dispondo, *a priori*, de conceitos cognitivos ou axiológicos, fugindo da dúvida ou da observação de um terceiro observador (cf. ibid., 21).

Se a "reintrodução" de uma distinção-diretriz ao próprio sistema (como a do sistema e do ambiente) é um elemento essencial da autopoiese, a aplicação de um código a ela mesmo é refutada por Luhmann.[52] Ela é, sobretudo, refutada quando a reintrodução do código em si mesmo visa a fundá-lo ou a legitimá-lo. O Direito, assim como a verdade ou a justiça não fazem parte dos critérios do Direito, da verdade ou da justiça em si mesmos – o Direito não é Direito, nem a verdadeira verdade, ou a justiça justa; raciocínio que é válido também para os seus contrários. *Toda aplicação do código sobre si mesmo conduz a paradoxos*, os quais não viciam, todavia, a construção sistêmica – da mesma maneira que uma teoria dedutiva seria invalidada pelas contradições ou pelas inconsistências do fundamento. Esses paradoxos, que nascem cada vez que se "tenta pensar a unidade do Direito e do não Direito[Unrecht]" (*Codierung*, 1986, 189), são, à diferença desses últimos, assumíveis e recorrem às classes específicas que Luhmann chama de desparadoxalizações

---

[51] Isto é aqueles que a efetuam, colocam-na em prática.

[52] A questão não é claramente tratada por Luhmann. Assim, certos sistemas, capazes de reintroduzir ele próprios a diferença sistema-ambiente que os funda (como, por exemplo, o Estado que reintroduz por si só sua diferença com a sociedade), são em medida de alcance, uma "competência funcional universal" (*Codierung*, 1986, 184). Os subsistemas sociais possuem, todavia, tal competência, sem poder reintroduzir a diferença de seu código. É preciso, sem dúvida, fazer uma distinção entre a diferença sistema-ambiente e a diferença do código – que, todavia, funda a unidade do sistema e admite que uma é possível e universalizante e que outra é paradoxal e pede para ser desparadoxalizada.

(*Entparadoxierung*) – figuras que havíamos encontrado em diversos contextos.

No caso de um sistema autorreferencial, há, em verdade, um código sistêmico que em si mesmo procura essa desparadoxalização, impedindo, precisamente, toda autoindicação das distinções diretrizes do sistema. Toda qualificação por ela mesma de valor-próprio, intrínseco (*Eigenwert*), ou se positiva nas dicotomias, como no exemplo da verdadeira verdade, ou é inibido. O código jurídico, por exemplo, desparadoxaliza sua autorreferência, impedindo a emergência da questão sobre o Direito ou o não Direito do Direito. Há uma verdadeira *invisibilização do paradoxo*, que ressalta o que a sociologia luhmanniana chama de "latência necessária".[53] O código transforma a questão através da *simetrização perfeita do Direito e do não Direito (Unrecht)*, que faz de um, um simples e necessário durante (do signo negativo) do outro.[54] O código, *i. e.*, a dicotomia Direito/não Direito, cobre todas as eventualidades do sistema. Ele *exclui a aparição de uma terceira opção* que não seria perceptível pela dicotomia fundamental. A questão relativa ao Direito do Direito não pode se tornar problemática: quando ela se obstina a problematizar a autorreferência do Direito, ela se torna uma contradição trivial e se deixa ser repelida pela própria lógica. Ela não pode sobreviver senão sob a forma de um paradoxo subjacente ao sistema. Esse paradoxo se torna, na ótica da autopoiese, a autonomia do próprio sistema: esse paradoxo, por assim dizer, é o alimento das operações do código, que impõe o rigor da formalidade e o rigor da dicotomia (p. 276) "*A autonomia* do sistema não é então *nada* além do *fato de*

---

[53] Uma Constituição é um "conceito de desparadoxização" (*Verfassung*, 1990, 185). Ela invisibiliza o paradoxo, fundado na incapacidade da autorreferência jurídica, de se colocar a par do Direito com a política (*ibid., 193*). Quanto à latência necessária, ela se distingue da latência "suposta", que lhe remete o trabalho de subversão da sociologia crítica.

[54] Essa simetrização é exposta, com grandes detalhes, no capítulo da RS sobre o desvio. Ela é ligada aos paradoxos da unidade do Direito e do não Direito (Unrecht) os quais, se não são dirimentes, induzem todavia, a uma "problemática análoga à esta da "théodicée" (*Codierung*, 1986, 189). Essa problemática preocupa Luhmann, que lhe reserva, no horizonte autopoiético, várias exposições. Ela é centrada em torno da figura do paradoxo de Iblis (O diabo da tradição muçulmana), que simboliza o refutamento da simetrização e a insistência da desparadoxalização por uma observação do fundamento primeiro (Deus), retirando, assim, a culpa do observador obstinado (o mal) da dicotomia. O paradoxo é exposto a diversos endereços na obra tardia de Luhmann (em parte *WdG 118 s.*), com mais ou menos claridade. No conjunto, não se pode pretender que a exploração desse motivo teológico seja de todo transparente. Ela introduz, no entanto, um conceito importante, o da generalização diabólica, opondo-o à generalização simbólica. Coloca em jogo uma generalização que, impedindo a simetrização das alternativas do código, e, tematizando sua unidade em um fundamento que ela insiste em observar, deve, finalmente se unilateralizar sob uma vertente (negativa) do código (cf. *WdG* 192 s.).

operar segundo os critérios de seu próprio código, e isso notadamente, *porque esse último desparadoxaliza o paradoxo da autorreferência"* (*Probleme,* 1985, 6).[55]

3.4.5. Seu paradoxo

A teoria de sistemas autopoiéticos é, dessa maneira, conduzida a desenvolver uma paradoxologia, sem a qual ela restaria fortemente lacunosa. Considerando-se uma teoria "pós-ontológica" (sBR 12) e assumindo o desafio de se erigir sobre a diferença e a dualidade (e não de identidade e unidade), ela renuncia à origem das sociedades sobre as quais ela é produzida[56] à "securidade pela redundância"(*Versicht auf Sicherheit durch Redundanz,* ibid., 13). Essa teoria é, então, livre para estreitar sua aproximação aos paradoxos da autorreferência, sem ser incomodada por uma hipoteca ontológica qualquer. O paradoxo lhe é revelado, no princípio, sob a figura da *tautologia.* Na verdade, os "sistemas autorreferenciais observam sua própria identidade como uma tautologia" (ibid., 15). Assim, *o sistema jurídico não conhece outro Direito a não ser o seu.* Somente um observador externo estaria no limite de quebrar essa facticidade do Direito, e, com isso, introduzir uma diferença. Ademais, a tautologia é ligada ao acabamento mesmo da autopoiese: não é possível predefinir o Direito a partir de um valor, de uma essência, de uma finalidade qualquer. Aquilo que se denomina "Direito", decide-se e se delimita nas operações do próprio sistema, e não nas outras. "Em cada operação, o sistema reproduz suas fronteiras, fazendo o que ele faz, e não fazendo o que se faz além disso" (*Positivität,* 1988, 23). A operação do sistema jurídico "efetua" (*vollzieht)* o Direito e *"não há necessidade de lhe dizer mais."* (ibid.).

Não dispondo de nenhum meio para definir ou descrever o Direito fora das operações jurídicas que a "efetuam", devemos nos encerrar na tautologia suficientemente massiva, que iremos reconstruir. Não há, então, meio de encontrar no interior do sistema um ponto de vista ou *uma operação que, mais do que esta que ela finaliza, integra a unidade* ou uma representação da *unidade do sistema.* Não há

---

[55] Segundo os contextos e argumentações concernentes, a desparadoxalização pelo código não é sempre elucidante. Damos uma ideia, a mais clara possível, sem poder desenrolar todos os pressupostos conceituais (essencialmente lógicos e cibernéticos) necessários para uma compreensão profunda dos textos.

[56] Ou efetuação, na observação teórica.

112   *Jean Clam*

operação jurídica que iria além disto. Em nenhuma parte, o sistema pode produzir uma operação que o contrate de tal maneira que o transfira e que possa de imediato fazer o papel de um discriminante sistêmico. O sistema autopoiético parece, pois, incapaz de se des-tautologizar. Ele é, sem interrupção, o que é, sem poder designar o que o faz ser o que ele é.

Todavia, são essas tautologias que desestabilizam o sistema e o fazem bascular de sua unidade (não encontrável e inexprimível) em direção à diferença. Em um primeiro momento, o sistema deveria, na tautologia de sua identidade própria, fechar-se pela efetuação contínua de suas operações, reintroduzindo em si mesmo a diferença sistema-ambiente, constitutiva de suas próprias operações. De fato, a *tautologia inicial* seria rapidamente extravasada pelo emprego de negações possíveis no interior do sistema. O efeito dessas negações é virtualizante sobre as tautologias iniciais, e o sistema é rapidamente confrontado ao paradoxo, anunciado anteriormente, da aplicação de seu código sobre si mesmo.

O sistema jurídico não é confrontado unicamente com o desafio interno de reintroduzir a si mesmo e de integrar à sua autopoiese as dintinções, fundamentais e próprias, de sistema e de ambiente, ou, ainda, dos valores de seu código.[57] Ele sofre mais do que as *pressões* que provindas de *seu ambiente*, ou, mais precisamente, dos sistemas que fazem parte e que emprestam seus canais de acoplamentos estruturais. Essas pressões aumentam na medida em que o Direito, além de assegurar a sua função, a manutenção da congruência normativa das expectativas sociais.[58] As expectativas sociais vêm, sobretudo, em dois casos: quando, de uma parte, os consensos normativos são fortemente contestados e/ou sofrem uma evolução acelerada; e, quando, de outra, o horizonte de expectativas, o futuro social, é, ele mesmo, opaco, não permitindo apreciar as consequências do próprio Direito em vigor.

A primeira dessas tendências abre a problemática de uma *sobredeterminação social do Direito,* que lhe impõe, pelo lado da política, uma abstinência programática, uma renúncia a legislar de maneira

---

[57] Fazemos, aqui, uma abstração da distinção introduzida entre os paradoxos que nascem da reintrodução da diferença sistema-ambiente e aquelas que nascem da reintrodução do próprio código. Queremos, simplesmente, demonstrar, em nosso contexto, os relatos entre a tautologia e o paradoxo do Direito autopoiético. A paradoxologia luhmanniana exigiria um desenvolvimento melhor conduzido, que iria além das múltiplas sugestões que ela propõe para alcançar o status de componente teórico central da teoria geral da autopoiese.

[58] Remetemo-nos à *Verfassung,* 1990, 204, s., para um estudo esclarecedor dos pareamentos estruturais entre os sistemas políticos, jurídicos e econômicos.

sistemática e precisa. O Direito se encontra, em face das expectativas sociais invasoras que tomam conta do sistema jurídico (modos de percepção éticos ou culturais atualmente flutuantes), com seus *programas decisionais suavizados e com uma inflação de suas competência de apreciação (Abwägung)*. Sua resposta não pode ser um reforço de sua autopoiese, ou seja, da recursividade contínua de suas operações. Paralelamente, é a desconstrução de todo esquema hierárquico de estruturação do Direito que se aprofunda, livrando-o da "hierarquia" sistêmica.[59]

Ato contínuo, resta impossível legitimar, fundar ou deduzir o Direito a partir de uma fonte superior, ou, mesmo, de vê-lo como um instrumento de execução de uma legislação que se elabora no seio do sistema político e que colocaria de imediato o sistema jurídico numa posição auxiliar em relação ao primeiro. A constatação da elevação de poder das exigências de apreciação às quais o Direito deve enfrentar, não pode nada além de recomendar um "endurecimento" do "conceito da positividade autopoiética do Direito" (*Positivität*, 1988, 24). A unidade heterárquica do Direito[60] se reduz ao "Direito como efetuação do Direito" (ibid.). Quanto mais o Direito é confrontado às expectativas sociais da isomorfia de suas decisões com as configurações culturais ou políticas, expectativas que se encontrarão reforçadas pelo relaxamento da condicionabilidade e a precisão dos programas (legais), mais ele deve se curvar sobre sua recursividade e assegurar uma conectividade extremamente fechada de suas operações.

De outra banda, existe outra tendência, originada na necessidade cada vez mais urgente de o Direito positivo levar em conta as consequências que o Direito (*Rechtsfolgen*) acarretam. Trata-se dos motivos do debate sobre a direção ou o guia, *pelo Direito, da mudança social (sozialer Wandel)*.[61] Na vontade do Direito de conhecer suas próprias consequências futuras e de se orientar sobre elas, Luhmann vê uma *superestimação da capacidade de um sistema social*

---

[59] A hierarquia se torna central no horizonte da teoria autopoiética e de uma reticulação de sistemas em observadores mútuos e fechados de suas observações específicas. Horizontalidade, assimetria, não planificabilidade de relatos intersistêmicos são as características dessa estrutura, colocando cada vez mais em evidência a autonomia autopoiética de cada um dos sistemas.

[60] Sobre a heterarquia e sua teoria, ver o tópico O *"centro" judiciário*, desenvolvido a seguir.

[61] Encontra-se um certo número de textos, nos dois períodos precedentes, ligados a esse debate. Remetemos ao período que nós consideramos, apresentados por um texto bem curto, mas de uma grande clareza e de uma grande decisão na expressão (*Steuerung*, 1991, 142-146).

qualquer de enxergar e orientar sua ação sobre uma revelação de um emaranhado complexo de relações intersistêmicas sociais – sem falar do desconhecido ecológico, que se livraria de uma comunicação em regra.[62] Ele vê, mais especialmente, uma sobressolicitação Direito por si mesmo, que provoca um *conflito entre a função e a positivação do Direito*. Na verdade, essa grande tentação do Direito positivo (e dos profissionais do sistema jurídico), que é a projeção no futuro de seus próprios efeitos pansociais e da tomada em conta presente, suscita, finalmente, o porvir de uma figura contrafuncional do Direito, caracterizada por Luhmann de *Direito desconhecido* (*unnbekanntes Recht*, ibid., 25). O impulso da positivação se encontra, assim, armadilhado por sua própria ingenuidade e pela crença de que um "Direito flexível" possa orientar sua própria movimentação para se otimizar e otimizar suas relações com seus ambientes. Caso isso seja feito, o Direito não pode nada além de tornar a si mesmo opaco e reduzir a qualidade de sua performance funcional específica. É nesse sentido que "o Direito positivo consome a segurança de suas (próprias) normas" (ibid.), conservando sua capacidade de manter a congruência normativa das expectativas sociais. Só um *retorno sobre a autopoiese* – e uma aceitação de seus limites – pode restituir o Direito à sua função. A abstinência ideológica e pragmática a ele vinculada, está, todavia, longe de se constituir em uma desvantagem. Ela pode ser amplamente compensada por meio da exploração das probabilidades, ainda pouco exploradas, da autopoiese.

3.4.6. Seu "centro" judiciário

Retornemos, então, a uma consideração *ab interno* do sistema jurídico, e tentemos, assim, conhecer uma ou outra das principais figuras que a autopoiese coloca em prática para promover a capacidade do sistema de processar seus estímulos e irritações externas. Tal promoção se chama, em linguagem cibernética, aumento da "ressonância", e está ligada à ascensão da complexidade e da diferenciação interna do sistema. A figura, em um sentido autopoiético, mais interessante, sob esse aspecto, é a ligação em rede *heterárquica do subsistema judiciário com o subsistema legislativo*. Essa figura parte,

---

[62] A respeito, ver a obra de Luhmann que acusa o mais imediato relato a um debate da atualidade, *Ökologische Kommunication*, 1986.

precisamente, da estruturação de uma diferenciação interna que se faz sob o signo da positivação. A diferenciação é ele mesma conhecida e praticada desde o surgimento do Estado de Direito sob o título de separação de Poderes. Trata-se aqui de sua estruturação e das mudanças de sentido que ela sofreu com a súbita aceleração da dinâmica da positivação e com aparição de seus riscos – dos quais nós estudaremos dois exemplos.

Inicialmente, necessitamos, para compreender os desenvolvimentos concernentes a essa estruturação, lembrarmo-nos de alguns aspectos da teoria da programação condicional do Direito positivo e complementá-los com a teoria da codificação. Insistimos no código binário como base e unidade do sistema e negligenciamos, de imediato, desenvolver a maneira pela qual o *código se articula operativamente* na realidade jurídica. Ora, os valores do código não são atribuídos de maneira automática aos estados das coisas tratadas nas operações do sistema jurídico. Não basta o encontro do fato com o código, ou de uma aplicação do código ao fato, para que se faça a adjunção de um ou outro valor do fato em questão. A imputação dos valores é *regrada pelos programas* que definem, antecipadamente, o que pode ser considerado, em toda correção, como Direito ou não Direito naquelas condições. Os códigos, envolvem a "unidade" do sistema jurídico, ou seja, os dois lados da distinção que o funda. Assim, *"codificação e programação" são dois pilares "da unidade de um sistema autopoiético"*, como é o caso do Direito (*Codierung*, 1986, 194, grifo nosso).

Contudo, uma diferença essencial persiste, visto que os programas podem e devem ser modificados ou substituídos, enquanto o código resta idêntico e identifica o sistema em si mesmo. Uma mudança de código não é nada menos do que uma mudança de sistema, enquanto os programas representam apenas os "pontos de vista de correção" (ibid., 195) na atribuição de valores codificados. *Códigos e programas são complementares, no sentido de que a fixação do código* torna possível a *variação de programas, de quem eles se constituem como pivôs.* A contingência de programas para o sistema jurídico, de critérios e condições de atribuição de valores do Direito e do não Direito, não pode ser mantida em um nível elevado. Ademais, a positividade do Direito não pode integrar, de imediato, tal labilidade, que a partir do fundamento da invariância e, sobretudo, da abstração do seu código. Nesse sentido, o código do Direito não pode ter curso fora do sistema jurídico: ele não pode se associar a outros valores ou se inserir em outros agenciamentos funcionais fora do sistema jurídico. Além disso, *seus valores*, são perfeitamente *simetrizados* e *tecnicizados*: o código oprime toda "preferência secreta ao Direito e (toda aversão) contra o não Direito" (ibid, 196),[63] e os impõem aos programas do sistema. Os programas não podem, de forma alguma, serem determinados por uma "predileção pela legalidade (*Rechtmäsilgkeit*)" (ibid.).

A diferenciação entre codificação e programação contribui, assim, de maneira decisiva, a *desparadoxalizar o sistema*, que, por sua vez, abandonado em sua própria codificação, é incapaz de funcionar e de encobrir "o intolerável, e constata que o Direito é isto que ele (não) é." (ibid., 198). Na verdade, os *programas permitem*, pela sua flexibilidade, *de integrar*, no Direito, a consideração de valores exteriores a seu código – os valores "parasitários" ou "de rejeição".[64] Essa percepção continua, todavia, limitada pela unidade própria do sistema. A importação *de "respects"* (no sentido etimológico de respeito, e que traduziria *Rücksichten)* estrangeiros ao Direito não é possível senão ao preço de uma "imprecisão e de uma labilidade" (ibid.) dos programas que colocam problemas análogos àqueles encontrados mais acima a respeito da ponderação, pelo Direito, dos interesses sociais ou dos riscos e consequências do próprio Direito.

Feito isso, podemos, então, abordar a questão concernente "a posição dos tribunais no sistema jurídico"[65] e o papel que eles executam na sua autopoiese. A tese luhmanniana é a de que essa posição não pode mais ser pensada como hierarquicamente subordinada à legislação, e que as exigências da autopoiese faz dos *tribunais (Gerichte) o centro* do sistema jurídico, de cuja *periferia é a legislação (Gesetzgebung)*. Essa é uma concepção perfeitamente heterarquizada da relação centro-periferia. Ter-se-ia, então, a tendência, partindo-se da concepção tradicional, de colocar a legislação como fonte e criação do Direito – que é mais autônomo e soberano no Direito positivo – no centro do sistema. Na lógica sistêmica, a legislação é, de fato, um órgão periférico do sistema jurídico, situada na fronteira com o sistema político. Sua função é a de "acomodação" (no sentido

---

[63] Conforme já havíamos feito alusão, o valor "positivo" (Direito) tem somente uma vantagem relativa: a da conectabilidade com o valor negativo, na medida em que ele permite o encadeamento das operações que são negativamente correlatas.

[64] Luhmann segue aqui, principalmente, a teoria de G Günther sobre os "valores de rejeição" (*Rejeiktionswerte)*, desenvolvida nos estudos do capítulo 1 de seus *Beiträge (1976)*.

[65] É o título que Luhmann dá a um artigo (1990) e um capítulo de *RdG*. No Brasil, esse artigo encontra-se publicado na Revista da AJURIS, n. 49.

piagetiano) ou filtragem da irritação constante proveniente do sistema político e que se irradia pelo sistema jurídico.

A questão que se coloca, então, refere-se ao novo centro: se a legislação é uma interface, qual é o *centro autenticamente jurídico do sistema jurídico,* o lugar que não é fronteira e não é adjacente senão aos subsistemas do sistema jurídico em si? O centro, cujas operações só reproduzem operações filtradas – e que não filtra –, coloca em prática o código e os programas jurídicos, fazendo uso reservado do símbolo circulante da validade jurídica, é, na teoria luhmanniana tardia, os tribunais. Essa teoria situa, igualmente, no "centro", o paradoxo do sistema, assim como sua gestão para o subsistema central que constitui o aparelho judiciário.

O que justifica essa escolha, que contraria o conjunto de modelos dogmáticos correntes? O juiz não se limita a conhecer, compreender e seguir as instruções do legislador? A regulação das colisões entre legislador e juiz não é suficientemente unívoca, fazendo prevalecer a decisão do primeiro?[66] Luhmann desenvolve dois argumentos: um – do tipo schimitiano – que, para pedra de toque desses conflitos de prioridade, serve-se da questão: quem decide a questão de saber se há colisão? O outro lembra que o sistema jurídico não submete tudo ao "constrangimento de uma decisão" *(Entscheidungszwang) ao sistema judiciário.* Isso vai de encontro à abstinência de impor, ao legislador, uma obrigação qualquer de legislar[67] ou, aos contratantes privados, uma obrigação qualquer de contratar (cf. *Stellung,* 1990, 466). Somente os tribunais são forçados a produzir as operações jurídicas em uma continuidade recursiva sem falhas. *A proibição de denegar justiça,* a partir da qual Luhmann desenvolve toda sua interpretação do sistema judiciário, é o critério-chave da localização dos tribunais no centro do sistema. A autopoiese faz da dimensão operativa e de sua continuidade recursiva a própria base da produção e da reprodução sistêmica. Estar situado como subsistema de um sistema autopoiético, sob *obrigação de produção operativa,* é, sem dúvida, um índice absolutamente legítimo de sua

---

[66] Luhmann, de início, demonstra que a maneira de conceber o sistema jurídico como uma organização hierárquica ou, ainda, a tendência de identificá-lo com sua organização institucional, é errônea. Na verdade, os organismos do sistema jurídico, que lhes são explicitamente, tematicamente e profissionalmente vinculados, constituem uma parte do sistema, a qual é preciso acrescentar o conjunto das comunicações sociais que se orientam através do Direito – em particular as que geram cadeias de "operações" jurídicas tais como os contratos. A grande massa das comunicações jurídicas (em sentido amplo) tem lugar fora destas organizações e recolocam em questão sua prioridade.

[67] No Direito francês conhecido diz-se o contrário: um mandado da economia legislativa.

centralidade. Tudo que não é regido por tal obrigação é, em todo caso, periférico.

Os tribunais são o coração da clausura operativa do sistema jurídico. Na proibição de denegar justiça se exprime o *vetor autopoiético da clausura*, uma vez que ele coloca o sistema sob uma autossujeição de reagir à toda estimulação "do momento em que ela toma forma jurídica", (*Stellung*, 1990, 467). Ele se interdita por não se integrar em uma operação que destaca do seu código e dos seus programas e, de imediato, não aperfeiçoa sua unidade. Ele deve, dessa maneira, reclamar uma *competência universal* para tudo que se enquadre em sua função. Ele realiza assim, por encerramento operativo, sua unidade, tornando-se o lugar da atualidade de toda juridicidade. Nenhuma operação jurídica pode ter lugar fora de si e, em contrapartida, nenhuma outra operação – exceto a jurídica – pode ter lugar em si. Isso encerra a juridicidade em si mesma.[68]

Entretanto, como todo elemento central de uma autopoiese, o sistema judiciário é construído sobre um paradoxo, o da "transformação do constrangimento em liberdade" (*Stellung*, 1990, 469). Na verdade, ao impor-lhe *obrigação de decidir* e de justificar suas decisões, o sistema jurídico fornece ao seu centro judiciário a liberdade indispensável de uma ter uma certa autonomia para a construção do jurídico – entre código e programas. Cabe ao sistema judicial a incumbência da "transformação constante do estatuto da validade" (*Geltungslage*) do Direito. A liberdade de construção, que representa o desdobramento do paradoxo central do sistema, é confortada pela mudança que lhes oferece sua periferia, o sistema legislativo, que, por sua vez, avoca a filtragem das irritações ambientais.

Luhmann enxerga um paralelismo entre a organização autopoiética dos sistemas econômico e jurídico. Esse paralelismo permite esclarecer, de maneira muito interessante, a figura de um centro paradoxal, situado no mais alto dos níveis operativas basais, e ligado a uma periferia que o transforma, tomando para si a elaboração de seus programas. De fato, os bancos ocupam, no subsistema econômico, um lugar central comparável ao dos tribunais no subsistema jurídico. Eles geram, como os tribunais, um paradoxo que está no coração do sistema econômico. "Sozinhos (os bancos), têm a *missão paradoxal* de incitar sua periferia, ou seja, seu ambiente econô-

---

[68] Nada mais do que o comentário da fórmula: "Para um sistema jurídico plenamente diferenciado há somente o Direito positivo." (*Codierung*, 1986, p. 172). Significa que a decisão entre Direito e não Direito (*Recht – Unrecht*) somente pode ser situada no sistema jurídico (cf. ibid).

mico-interno, ao mesmo tempo que devem poupar e se endividar, colocar o dinheiro de lado e gastar o dinheiro" (ibid., 471, cf. RdG 334, grifo nosso). Em ambos os casos, a relação entre centro e periferia não é hierárquica e nos ensina a enxergar e pensar em rede. Tal figura afasta, sobretudo, a unidade e a representação dos sistemas de suas posições estratégicas, ligadas à afirmação de seus valores eminentes. Ela revela uma lógica que deve, sem interrupção, opor-se aos termos característicos dos acessos tradicionais: comunicação à ação (*Handlung*), relação reticular à linearidade, heterarquia à hierarquia, produção de redundâncias requeridas à fundação e à legitimação (cf. *Steurerung*, 1991, 145). *A estrutura geral* da comunicação social é de uma *circularidade processual ou circulante:* é uma estrutura em efetuação contínua, que se constrói heterarquicamente, em forma circular, de subsistema em subsistema e se fechando a cada vez sobre si mesma em um movimento sem começo absoluto e sem necessariamente com um fim.

3.4.7. Seu fim imprevisto

A questão que colocaremos por último refere-se ao fim ou à parada de um sistema autopoiético, como o Direito. É possível que em tal sistema, as pressuposições, tão complexas e improváveis, se bloqueiem e se dissipem? Ele é minado pelos numerosos paradoxos que nele habitam? Nós aprendemos ao longo de nosso itinerário sistêmico a superar/contornar circularidades e paradoxos. Sobretudo, vimos que uma contradição está longe de bloquear o sistema em operação ou o sistema que o observa. Certamente, é mais fácil de admitir que as *teorias* são *capazes de sustentar ou de* manter *a autorreferência* (*sich Selbstreferenz leisten können*, WdG 72), do que os próprios sistemas, visto que elas são especializadas nas tarefas reflexivas que nós descrevemos. Tais teorias renunciam a toda pretensão de adesão ao real e sabem como observar, segundo as distinções auto-elaboradas e por observadores que observam, tomando como modelo as distinções, também contingentes e fechadas. Isso funciona de mesmo modo para o sistema? Vimos que o paradoxo sistêmico é um paradoxo operativo que se desparadoxaliza no tempo e com o advento de suas próprias operações, as quais se encadeiam umas às outras. É por um deslocamento das estruturas na direção das operações, de uma "desparadoxalização de assimetrias estruturais em direção às assimetrias temporais" (*Codierung*, 1986, 193) que ele se realiza. Ele não possui semelhança com uma contradição lógica. O paradoxo não é aparente, a não ser para o observador, e não é problema, exceto, também, para ele. *Nenhum sistema é interrompido pela lógica*, diz Luhmann, numa fórmula contundente (*Stellung*, 1990, 473, grifo nosso). Os sistemas autopoiéticos não reconhecem suas contradições, mas vivem na sua tautologia. Eles não são sensíveis à falta de justificação/fundação (*Begründung*) de seu fundamento, a não ser que seus ambientes os sensibilizem para as problemáticas difusas na comunicação social. Apenas os obstáculos podem tanto pará-los como impedi-los de finalizar suas operações em recursão contínua, com os efeitos que confirmam e que generalizam o estado de suas estruturas atuais, ou, ao contrário, que "desconfirmam", relativizam e de imediato modificam suas estruturas.

Tais obstáculos não podem ser internos ao sistema: a parada do sistema não pode vir de seu interior e não pode ser nem repentina, nem "voluntária"[69] – uma destruição física pode, certamente aniquilar o sistema, mas resta incomensurável sua função e seus dispositivos internos. No interior, estão os *danos à consistência operativa do sistema* – e não os paradoxos fundamentais que estão ligados à sua autopoiese – que constituem os verdadeiros riscos de sua subsistência. Eles podem proceder de um conflito de generalizações, saídas de séries diferentes de operações e que se traduzem por uma incapacidade, necessariamente progressiva, de assegurar a continuação confirmante das operações. Assim, o sistema jurídico pode, assegurando menos e menos o sustento de sua fórmula de consistência, se tornar enfermo de sua justiça. Ou, ainda, a conexão sucessiva de suas operações pode ser minada pelas pressões exteriores que não causam efeito, exceto quando tomam a forma das operações jurídicas. Isso pode ser a causa de um grande *enfraquecimento* da clareza e da determinação dos *programas* (as leis), condicionando um alargamento excessivo das margens de apreciação das instâncias jurídicas; ou, mais, pode ser a causa de uma *deflação do poder* (meios de opressão do Estado), esvaziando a operação jurídica de sua implementação e gerando um Direito imediatamente contraditório com suas decisões – questionando o Estado de Direito por sua incapacidade de execução; enfim, pode ser a causa da *inflação* pansocial do *código econômico* (o dinheiro), conduzindo, no seio do sis-

---

[69] "Nenhum sistema autopoiético pode abolir a si mesmo", escreve Luhmann, na *RdM 81*. E, menos ainda, o poderia fazê-lo, por causa de seu paradoxo fundamental. Esse paradoxo é, acima de tudo, um fator de preservação e de possibilitação das operações do sistema, ao invés de ser um fator de desintegração.

tema, a uma comodificação de certas operações jurídicas (tarifações elevadas por certos procedimentos ou não procedimentos).

A parada brutal, o colapso instantâneo de um sistema autopoiético, não é possível, mesmo no sentido de uma inadaptação elevada do sistema ao seu ambiente. Vimos que a metáfora da adaptação, emprestada a uma forma em desuso da teoria da evolução, estava completamente inapropriada ao nosso contexto. A parada brutal não pode vir a não ser de um afluxo de complexidade saído de uma elevação brusca de interdependência das operações de diferentes sistemas. Esse impulso da policontexturalidade de tratamentos sistêmicos surpreende um grande número de sistemas mutualmente acoplados, deixando-os, a partir de seu interior, em "pânico", desorientando suas generalizações e o emprego regrado de seu código. Esse é o caso das grandes crises econômicas ou das quebras das bolsas. Contudo, esses *sistemas, mesmo em crise, continuam a funcionar recursivamente.* Eles realizam medidas buscando gerar modificações ou decretam mudanças rápidas... A autopoiese sempre persiste, mesmo se todas suas operações não "mordam". O sistema em crise redobra os esforços para tratar a complexidade de seu ambiente no nível que se impõe. Entretanto, quando a hipercomplexidade conduz ao bloqueio dos sistemas, ocorre uma regressão que se dirige às simplificações brutais, que tomam forma de desdiferenciações. Todavia, em caso semelhante, essas regressões drásticas em complexidade não são mais legíveis para o sistema que, sofrendo uma desdiferenciação, não é mais o mesmo. É o caso quando, no período de crise, o sistema político, ou o econômico, ou o jurídico não "funcionam" mais e deixam lugar aos modos de ações brutas que não são mais elaboradas neles. Enfim, o outro exemplo de um colapso brutal do sistema é o de uma extinção física da base empírica da existência sistêmica – quando, por exemplo, um meteoro colide sobre o planeta e o destrói totalmente ou em parte.

3.5. Reconsideração teórica: das normas às formas

A teoria dos sistemas autopoiéticos acentua a tendência, do sistemismo que a precede, à *desaxiologização.* Na verdade, com a integração ao paradigma sistêmico das lógicas não aristotélicas, em particular uma lógica da diferença como a de Spencer Brown, encontra-se reforçada a simetrização de "valores" dos códigos binários sistêmicos. A simetria cria uma "relação de reversão exata" (*exaktes*

Umkehverhältnis), uma complementarização rigorosa entre os "valores", e resulta numa "desqualificação" (*Entqualifikazierung*) que lhe faz perder seu "colorido próprio" (*Sonderkolorit*), bem como uma *"desqualificação moral"* (*moralische Dequalifizierung*) que a torna inapropriada a um uso ético-difuso fora do sistema (*Codierung*, 1986, 177, grifo nosso). No conjunto, é difícil de não ver nesta evolução os valores codificados em uma *"tecnicização" (Technisierung*, ibid., nós salientamos) que, reservando-lhes os empregos específicos do sistema que os apropria, abstrai-os e os aliena de seus fundamentos quotidianos-intuitivos de significação. Nesse sentido, a espécie de prevalência do valor positivo do código (por exemplo, ao valor Direito à diferença do valor não Direito) não reflete nada além de sua *"maior conectabilidade"* (ibid., destacado no texto), bem longe, portanto, de todo o privilégio ontológico.

Certamente, Luhmann se dedicou a explicitar a relação entre a diferenciação funcional e a *codificação (Codierung),* bem como sua *simetrização* interna. Ele tem, sobretudo, demonstrado[70] a correlação existente entre os dois valores do código e sua inseparabilidade. Tentemos uma recapitulação.

Com o desaparecimento das referências absolutas ("das essências e das naturezas" – *Gleichtssatz*, 1991, 335) e a erosão das "perfeições" cosmológicas portadoras das ordens normativas e semânticas, a equivalência de transcedentais se partiu, e os "valores" se dessolidarizaram uns aos outros, inclinando-se, cada um, sobre um "sistema", onde se organiza toda a comunicação social que sobre ele se orienta. Essa diferenciação foi acompanhada por um desdobramento do valor sob a forma de um código binário. A constatação já pronunciada é que a *diferenciação e a codificação impedem que um valor ou uma norma sejam dadas simplesmente por si mesmas.* Quem diz "Direito" (*ius*) diz igualmente "não Direito"(*iniuria*), quem diz verdade diz falsidade, quem diz igualdade diz desigualdade... O sistema, que se diferencia em torno da comunicação orientada sobre um ou outro destes valores fundamentais, não pode se promover sem promover seu correlato negativo. O sistema jurídico não pode produzir mais operações "de Direito" sem aumentar a produção de operações de "não Direito". O sistema científico promove o número de verdades saídas de suas operações, aumentando, necessariamente, o número de não verdades...

---

[70] Cf. RS (116-131), entre outros textos.

Como esses desdobramentos, essas complementaridades e essas simetrias se explicam? Os diferentes textos luhmannianos sugerem respostas parecidas com a seguinte: o sistema diferenciado não dispõe mais de *nenhuma referência "equivalente"* (à dela própria) fora dele, que possa lhe confirmar a correção de suas seleções. Ele é remetido a si mesmo, ou seja, a fim de quantificar a codificação binária de seu "valor". Com isso a referência pode ser separada do que ela não é. O sistema é, de outro lado, pressionado pela codificação advinda do próprio fato de sua *"positividade"*, ou seja, da variabilidade de suas estruturas e da labilidade de suas operações. No mais, a própria codificação binária é "positiva", no sentido de que ela não resulta do conhecimento das qualidades objetivas, mas unicamente da "abertura e da construção de um espaço de contingência" (*Codierung*, 1986, 175). Isto que é o Direito hoje em dia, é, positivamente, Direito, do mesmo modo que o que é o não Direito é, positivamente, não Direito. A positivação de um dos polos do código leva consigo a positivação do outro. *Não há "não Direito" em si que possa*, de imediato, ser excluído definitivamente do sistema.[71] O que é considerado "Direito" atualmente pode deixar de sê-lo amanhã, se tornando "não Direito". O horizonte dessa simples possibilidade impede de se ligar o sistema, de maneira definitiva, ao seu próprio "Direito". Sem valor correlativo, o sistema não teria, em seu encerramento e na sua "positividade", outro "lugar" onde vislumbrar seu valor eminente em direção à outra coisa fora dele.[72] Ele perderia o que é definitivo hoje: sua "positividade como autodeterminação" (*Selbstbestimmtheit*).[73]

Com as novas epistemologias e a cibernética de segunda ordem, a explicação é mais radical: ela penetra no campo de uma lógica sistêmica novata e dá, ao seguimento de Spencer Brown, alguns passos em direção a um cálculo de correlações geradas a partir de uma distinção inicial única (ou de uma primeira operação de observação, diria o neociberneticiano). A radicalidade da aproximação reside na *transformação da objetividade axiológica* em si mesma. Os *va-*

---

[71] "De um ponto de vista global a respeito do sistema social, não há Direito que não seria, de um outro lado, não Direito; não há não Direito do qual se possa esperar legalmente (*rechtmäig*) *que ele não deva conseguir*. Direito e não Direito se interpenetram complementariamente. Eles aparecem, sempre, à dois". (*Codierung*, 1986, 175).

[72] Já retiramos a atenção do caráter problemático da tradução de *Recht/Unrecht (Direito / não Direito, ius, iniuria)*. A versão autopoiética da teoria – a que tenderá a uma morfologização de valores – acomodar-se-ia, suficientemente bem, com a neutralidade do dublê francês (*droit / non-droit*).

[73] É o título de um artigo pertencente ao círculo da autopoiese (*Positivität, 1988*).

lores se tornaram as "formas" (nesta lógica), ou seja, as distinções ou as diferenciações que traçam uma linha demarcando dois espaços, por assim dizer, "gêmeos", que, em duplas inversas, são um a negação do outro. As duas partes da distinção são, em todos os casos, inseparáveis, e jamais solidárias, na unidade dessa distinção, que as faz serem sempre os dois ao mesmo tempo e em perfeita complementaridade. É essa a unidade que será tão difícil de concluir no sistema codificado pela dicotomia; a unidade que não pode ser reproduzida em cada caso pelas partes por ela distinguidas.[74]

A teoria autopoiética é, assim, uma teoria dessas "formas", do fato de que é a codificação dessas formas que permitem ao sistema organizar da maneira completa e sem falha sua autorreferência, e, ainda, de se encerrar operativamente sobre si mesmo. Ela é, sobretudo, uma *teoria de* impossibilidade de um uso axiológico qualquer da forma.[75] É, também, a *Aufklärung* que se enxerta sobre ela, e que nos desilude quanto à capacidade das formas possuírem função de valores sociais. A norma superior não pode exercer a função de meta do sistema e perpetuar, com isso, sua estrutura "teleológica" tradicional. Ela é somente uma "distinção inicial" (*Ausgangsunterscheidung*, ibid., 443), que lança um sistema autopoiético e o mantém em funcionamento.[76] Enquanto "forma", a *norma* tem perdido suas chances de representar a unidade do sistema, porque ela é necessariamente a *unidade-dualidade do valor e de sua negação*. As sociedades complexas são, portanto, sociedades cujas normas são dualizadas e morfologizadas: seu conteúdo axiológico se neutraliza e se desintegra. Ela não corresponde mais a uma totalidade, um dado ou um sentido unitários, mas revela, dali em diante, uma lógica da "diferença".

---

[74] "O sistema pode tratar (*prozessieren*) somente as distinções, e não as unidades" (*Geltung*, 1991, 281). Isso porque ele não pode conter somente Direito e validade no sistema jurídico, devendo conter, igualmente, o não Direito (*Unrecht*) e a não validade. O não Direito valendo (*validade*) como não Direito, o que é diferente de um Direito não válido (cf. *Geltung*, 1991, 281).

[75] A demonstração foi feita de uma maneira pregnante para a igualdade na *Gleichheitssatz*, 1991. A visão do princípio da igualdade como "ideia moral", "princípio supremo" ou "norma material suprema", aparece obsoleta e se encontra contrastada com um princípio de igualdade que não é "nada além da distinção de igual e não igual" (ibid., 445). Ela não é (mais) senão um esquema de auto-observação. (443)

[76] Aqueles que teriam dificuldade com a representação de uma distinção única que gera todo um sistema, devem ser remetidos a Spencer Brown e a seu cálculo/pensamento de gerar toda a lógica a partir de uma única distinção, precisamente a distinção da distinção. No círculo de nossos textos, Luhmann cita, além de um endereço, a proposição que abre a lógica browniana: "distinção é perfeita continência".

INTRODUÇÃO À TEORIA DO SISTEMA AUTOPOIÉTICO DO DIREITO

Dessa maneira, a "teoria da sociedade" luhmanniana vai, massivamente, contra a corrente de uma forte *demanda de eticização* visualizada em quase todos os domínios do agir ou da comunicação sociais.[77] Ela irrita seu ambiente – tanto científico como político –, do mesmo modo que ela própria é irritada pela sensibilidade afetiva da moral ao redor.

Colocado em termos mais gerais, o "problema" da sociologia luhmanniana é o da afirmação de uma "habitabilidade" da sociedade diferenciada no sentido de uma possibilidade de vida significante em altos níveis de abstração (e de risco), que afastam completamente a evidência intuitivo-quotidiana de um "mundo da vida" husserliana ou habermasiana. Oferecemos, com uma certa amplitude, a citação seguinte, para fazer eco ao afirmado. Ela foi emprestada de uma obra editada há 20 anos antes de nossa citação. Isso nos permite ilustrar a constância da reivindicação luhmanniana.

Na sociedade moderna, a sociedade é, como o Deus de Nicolas de Cues, presente; mas ele não está de nenhuma maneira determinado ou privilegiado. Cada sistema funcional estabelece seu código próprio de maneira a poder concluir todos os acontecimentos que caem no seu domínio funcional próprio e a poder tratá-los segundo os dados de seus próprios programas. Os sistemas funcionais adquirem uma competência universal, cada um sob seu domínio de função, e se adaptando, com ajuda de seus códigos, aos crescimentos de complexidade. O sistema jurídico produz, então, simplesmente mais Direitos e mais não Direitos... Isso porque, para cada sistema, a sociedade é representada por sua própria contingência de estrutura bivalente.

A possibilidade dessa maneira diferente parece constituir a maldição e a bendição da sociedade moderna. Continua insatisfeito aquele que procura uma garantia final para um sentido que seja bom e correto: nos *a priori* da razão teórica ou prática,[78] no ouro

---

[77] A eticização toca, como vimos, particularmente e fortemente o Direito. Luhmann se interroga sobre o sentido de "este recurso quase desesperado, conjeturador e mitológico a um Direito natural ou racional, ou, ainda, a um Direito de valores."(*Wertrecht, Positivität*, 1988, 27). Ele verifica uma vontade de suscitar uma "obrigação interior ao Direito"(*immers Verpflichtetsein auf das Recht, ibid.*).Vontade ilusória, cuja falácia foi revelada desde o século XVIII, e que a teoria autopoiética coloca perfeitamente a nu: é impossível "obrigar, interiormente, um outro" (ibid.) a qualquer coisa (versão XVIII s.). Um sistema autopoiético é um sistema autoprodutor, que não pode obrigar a não ser a si mesmo e que, fundamentalmente, é incapaz de determinar a autopoiese de um outro (versão sistemista).

[78] Que alguns querem reencontrar como as últimas certezas, pensando-as encontrar em uma Constituição (*Verfassung*, 1990, 191). A manobra é a "externalização da referência" (ibid.), que nós já conhecemos e que representa um esquivo da autorreferência sem fundamento.

dos bancos centrais ou no resultado livremente aceito do discurso[79]... (Todavia), há poucos índices que se possa mudar, a fundo, em suprimento da sociedade em que vivemos. Há (em contrapartida) muitos índices dos quais poderíamos tirar melhor proveito de suas possibilidades" (Codierung, 1986, 203).

Afirmar que a sociedade diferenciada é um lugar onde se pode viver confortavelmente, volta a dizer Luhmann, não cessando de se repetir, é dizer que as *chances da diferenciação são ingratas e muito longe de serem exploradas,* como deveriam e como poderiam ser. A alterabilidade do mundo, saída da causalidade de seus fundos (*Bestände*) ônticos, não é saudada enquanto tal por Luhmann como um gesto de uma afirmação entusiasta de inventividade humana. Os sistemas comunicacionais estão lá para, ao mesmo tempo, lançá-la e reduzi-la. Um dos primeiros textos escritos por Luhmann não diz outra coisa senão que: "O sentido da formação de um sistema", é, precisamente, o de "contribuir para uma redução da complexidade e da alterabilidade (*Veränderlichkeit)* do mundo a um grau que torne possível um agir humano que tenha sentido" (*sinnvolles menschliches Handeln* TdV 118). No texto que nós citamos amplamente e que remonta à mesma época, Luhmann recusa se entregar ao pessimismo civilizacional que prevalece. Ele se opõe à ideia de que a abstração, nascida da orientação monetária (*Geldorintierung*) do agir, tenha um efeito desintegrador sobre "todos os micromundos concretos (*Konkrete Kleinwelten),* toda ligação íntima, toda situação que age emocionalmente". A abstração, bem ao contrário, diz ele, é a prova que isso "não funciona, que é possível separar os círculos funcionais, respeitar e gostar do armário da antiga família, mesmo se se sabe um pouco mais de perto o que ele realmente traria se fosse colocado à venda" (Gal 125).

A lógica da separação reclama, todavia, a análise científica do Direito de "dividir (*kappen*) todas as implicações normativas" e de "não estar protegida, exceto por seus próprios limites sistêmicos" (*Verfassung*, 1990, 219). Essa lógica é *ameaçada pela "apoteose da moral* (ou para dizer de maneira mais seletiva, da ética)" (ibid., 218, grifo nosso) e pelas tentações da "fuga sobre um solo firme"(*auf einem festen Grund*, ibid., 217) – uma fuga que é, em realidade, desesperadamente limitada. Luhmann deve igualmente decepcionar aqueles que esperam o que a sociedade não pode lhes dar: uma "última instância" privilegiada ou a objetividade de uma "única verda-

---

[79] É claro, no sentido habermasiano do termo.

deira representação" (*Codierung*, 1986, 199). Para Luhmann, essa pesquisa "continua com necessidade de sentido 'privado'" (*privates Sinnbedürfnis*, ibid.), que não pode prevalecer sobre a lógica da imensa potencialização da vida originada da "morfologização" de valores.

4. Conclusão:
Niklas Luhmann (1927-1998)

JEAN CLAM

Niklas Luhmann faleceu em 6 de novembro de 1998, em Bielefeld, na Alemanha, em decorrência de uma longa doença que, um ano mais cedo, já havia praticamente colocado fim ao seu labor intelectual. A imprensa alemã o reconheceu, quase que por unanimidade, como um dos grandes sociólogos deste século. Sua estatura foi frequentemente comparada, em inúmeras evocações deste homem e de suas obras publicadas até o seu desaparecimento, à de um *Hegel*

Uma coisa intriga aqui: na Alemanha o sociólogo de Bielefeld era uma figura quase não vista. Na França, ao contrário, uma notícia necrológica do *Mundo*,[1] tentava descobrir, na melhor das hipóteses, o seu nome e sua existência. A ciência pode ainda nos reservar surpresas, tais como que, atravessando uma fronteira, nós passamos do anonimato o mais estreito ao reconhecimento o mais amplo.

Ocorre que Luhmann representa um caso um pouco particular. No início, uma vida discreta e de muito trabalho, consagrada a uma teoria na qual a maior rebeldia é a ressonância prática nos debates sociais; em seguida, uma obra imensa,[2] de uma elevada abstração e de uma abordagem particularmente difícil.

Os interlocutores deste homem reconhecem quase todos terem sidos seduzidos por sua modéstia e sua indefinível amabilidade do sorriso. Em contrapartida, sua obra suscita por vezes uma

---

[1] Dado à G. Balandier.

[2] Uma quarentena de obras e mais de 300 artigos cobrindo todos os campos da teria sociológica.

INTRODUÇÃO À TEORIA DO SISTEMA AUTOPOIÉTICO DO DIREITO   **129**

certa desconfiança. Ela desagrada pelo seu alcance, uma certa onicompetência que se distingue pela cobertura de todos os campos sociais, enfim, pelo longo aprendizado teórico necessário para entendê-la. Também a obra se desgasta ela mesma em se designando como teoria de sistemas. Desde *Parsons* de um lado, aos cibernéticos da organização do outro, as pessoas desconfiam muito das grandes máquinas de abstração do social. Ora, quem acredita encontrar em Luhmann uma "tecnologia social",[3] uma teoria de "sistemas" no sentido das grandes mecânicas sociais, obcecadas, impessoais, encerradas, cujo funcionamento acumulado representa o essencial da sociedade moderna, engana-se por natureza. O conceito de sistema, refeito por Luhmann ao funcionalismo parsoniano, sofreu profundas transformações. Damo-nos conta, praticando Luhmann, que este conceito não representa para ele nada além de um título cômodo para designar qualquer coisa que ultrapassa radicalmente tudo o que os sistêmicos puderam elaborar até então.[4] O "sistema" luhmanniano é uma figura de pensamento que não tem nada em comum com uma estrutura de funcionamento qualquer: ele é a categoria central de uma teoria que, em um longo prazo, abre acesso a um lugar epistemológico novo, cujo centro é menos a ideia de funcionamento do que de circularidade e reflexão. "Sistema" designa o centro de todos os esforços do pensar em uma direção essencialmente não aristotélica.[5] Isso, que os outros, na filosofia, tentam interpretar com o conceito de "diferença", Luhmann tenta descrever como a realidade social do nosso presente.

Assim, é sobre o sinal da ruptura com uma tradição em que se situa este homem e sua obra. Não pela ruptura tumultuada, mas ao contrário, uma espécie de fim sem fracasso, feita com uma ampliação constante da visão. Com Luhmann, a tradição "vetusto--europeia", culminante na modernidade de bronze e suas escolhas trágicas, é realmente superada. É elaborada uma teoria que permite ver a estranheza de nossa comunicação social e da inadequação de suas categorias e conceitos sociológicos, dos quais nós nos utilizá-

---

[3] "Sozialtechnologie", como diz o título – escolhido por Habermas da obra de confrontação entre Luhmann e Habermas, e do qual a "tese" é, sim , claramente refutada por Luhmann que, neste caso, não julgou necessário mudá-la.

[4] Certos operativos. Os conteúdos do sistema não são nem de estruturas, nem de programas, nem de processos. O sistema nada mais é do que a sequência de operações que se autorreproduzem.

[5] O senso de Gothard Günther, 1991.

vamos até então para a nossa compreensão.[6] A obra de Luhmann representa a descrição, a mais fina, de uma sociedade de cuja hiper-complexidade ele retira todas as repulsas grosseiras, não diferenciadas e em excesso.

O perfil bibliográfico de Luhmann é quase unânime.[7] Jurista de formação, ele inicia na administração, onde faz carreira até os 35 anos. É somente neste momento que ele abandona a administração pela pesquisa – em ciência administrativa e teoria dos organismos, a princípio. Promovido a doutor e habilitado a professor no mesmo ano (1966) por Helmut Schelsky, Luhmann exerce suas atividades docentes, de 1968 à 1993, data de seu licenciamento, como professor emérito de sociologia da Universidade de Bielefield. Desde sua instalação na *Erlinghausen,* não distante daquela cidade, sua vida se torna monótona e obstinada à elaboração e prática de um programa de pesquisa que ele havia incidentemente formulado em virtude de sua entrada naquela Universidade: Objeto – "uma teoria da sociedade";[8] Duração – 30 anos; Custo – nenhum.[9]

Este programa foi realizado em grandes partes. Os primeiros trabalhos de Luhmann (1958-1968) datam de uma parte da sua carreira administrativa e são consagrados pela ciência da administração e da organização (*Erros administrativos e proteção da confiança* 1963; *Indenização pública* – ,1965; *Teoria da ciência administrativa*, 1966). São produções de uma alta aplicação teórica que culminam com *Funções e consequências da organização formal (1964),* uma obra que fez de Luhmann um clássico da teoria das organizações na Alemanha. No prolongamento destes trabalhos (1968-1971), há lugar para uma produção jurídico-social muito intensa: *Os direito fundamentais como instituição* é uma brilhante interpretação da Lei fundamental alemã que derruba as perspectivas axiológicas do dogmatismo constitucionalista corrente; *Sociologia do Direito* (1971) constitui uma síntese

---

[6] Entre outras aquela do trágico.Fizemos particularmente alusão a ela, porque G. Baladier, na sua notícia necrológica já citada, enxerga na obra luhmanniana, uma obra trágica. Quanto a nós, insistimos mais sobre as rupturas, sobretudo aquela que marca a passagem da sociologia alemã da primeira metade do século àquela de Luhmann. Esta não seria trágica pela ausência e impossibilidade do trágico.

[7] Os únicos fatos marcantes dignos de menção são uma aversão profunda pela germanidade dominante insuflada por sua mãe suíça, um fim de guerra onde ele vivencia uma curta, porém dura, passagem pelos campos de prisioneiros e a perda de sua mulher, em 1977.

[8] Adotando este título por seu projeto fundamental, Luhmann quer salientar sua distâncias em referência à uma "sociologia"que, na sua concepção, como ciência do agir social, resta muito ligada a pressupostas noções metafísicas de ação e de agente social.

[9] *Gesellschaft der Gesellschaft*, Francfort, 1997, p. 1.

sistêmica da disciplina. Na mesma época, 1970, inicia a publicação das coleções de estudos intitulados *Luzes sociológicas* (a sexta e última, aparece em 1995), que fixarão o estilo *luhmanniano* como aquele de uma "superteoria" que, em refletindo o "design teórico" dos conceitos fundamentais, reflete-se nela mesma. Em 1971, surge a obra a duas vozes (*Teoria da sociedade, ou tecnologia social*), onde se afrontam, numa troca acirrada e apaixonante, Luhmann e Habermas – conhecidos após, na Alemanha, como os representantes das duas grandes alternativas teóricas atuais. Os anos 70 conduzem ao aprofundamento da teoria sistêmica com o *Conceito de fim e a racionalidade sistêmica* (1973), assim como uma ampliação do interesse além do direito e da política: *Função da religião* (1977) e *Problemas reflexivos do sistema educativo* (em colaboração, 1979) anunciam o programa de uma sociologia de subsistemas sociais que serão os da maturidade. Os anos 80 inauguram, paralelamente, uma revisão da produção jurídico-sociológica (*Diferenciação do direito*, 1980), um novo centro de interesse que é o da "semântica histórica", onde Luhmann determina sua visão de um evolucionismo sociológico ligando transformações estruturais e mudanças semânticas (quatro compilações intituladas *Estrutura social e semântica* de 1980, 1981, 1989 e 1995, às quais se deve acrescentar *O Amor como paixão*, 1982). Foi em 1984 que aparece a totalidade da sociologia teórica, *Sistemas Sociais*, obra central, onde Luhmann tenta uma formulação global e contínua do conjunto de instituições fundamentais. *Comunicação ecológica* (1986) – e acessoriamente *Sociologia do risco* (1991) – representa uma tentativa bem refletida de intervir no debate público – referente à ecologia na Alemanha. A latitude teórica do texto residente, a despeito dos esforços de Luhmann, fez com que o livro não causasse impacto fora da Universidade. A última década (1988-1998) é dedicada à realização de uma sociologia de diferentes subsistemas sociais. As amplas monografias aparecem sucessivamente: *A Economia da sociedade* (1988), *A Ciência da sociedade* (1990), *O Direito da sociedade* (1993), *A arte da sociedade* (1995), *A Sociedade da sociedade* (1997), *A Religião da sociedade,* sendo a sua conclusão próxima à morte de Luhmann.

A trajetória da obra luhmanniana vai desde um funcionalismo sistêmico que se aproxima a Parsons, até um sistemismo autopoiético, que não tem quase nem um ponto de apoio na tradição sociológica. Este afastamento progressivo é nascido da convicção que as sociologias clássicas não tem uma complexidade necessária para se avaliar o seu sujeito. Nossas sociedades aparecem, no projeto teórico luhmanniano, como sendo construções altamente improváveis, subsistentes graças às dinâmicas arriscadas, às racionalidades heterárquicas , às figuras de diferenciação, de códigos e de mediações nunca supostas até então. Para compreendê-los, é necessário romper com o conceito de ação e seus esquematismos teológicos. Esta ruptura implica num afastamento radical no que se refere à tradição ontológica, a todos os pensamentos da identidade e da causalidade. O sistema luhmanniano determina o sistema como diferença (sistema-ambiente) e o pensa como enclausurado sobre sua própria autorreferência. A consequência desta "desontologização" é um anti-humanismo metodológico que recusa conceber os sistemas sociais à partir de indivíduos-atores que pretendidamente os constituem. Ela se equipara a uma renovação radical do aparato categórico e conceitual. Isso atribui à sociologia luhmanniana, um caráter de fábrica de interdisciplinaridade: a teoria da auto-organização autopoiética (Maturana, Varela), a neocibernética (v. Förster), a teoria da comunicação (Bateson), a lógica operativa (G. Günter) ou diferencialista (G. Spencer Brown), a teoria da desconstrução textual (Derrida), sãos as suas principais fontes.

Luhmann inventa assim um novo tipo de ciência social. Ele rompe com a tradição alemã de sociologias da modernidade do bronze (Weber, Simmel, Scheler), do mesmo modo que rompe com o modelo de uma ciência alemã que, desde Hegel até Heidegger, passando por Weber, crê em uma destinação da ciência e do saber. Luhmann se instala em Bielefeld, um terreno não histórico, onde foi implantada, desde os anos 60, uma Universidade. Ele não se muda mais, recusando um grande número de propostas de cargos de professor prestigiosos em outros lugares. Se ele não continua a tradição "destinatária"(poderíamos dizer, aquela de *Geschink*) da ciência, não se converteu, portanto, ao modelo científico americano.[10] Ele não se anexa mais às críticas correntes, das quais, ao contrário, propõe uma teoria que põe a limpo o seu esquema de funcionamento. Os aprofundamentos reflexivos e paradoxais por ele concluídos, tanto sobre a ideia de ciência como a de crítica, não as permitem mais ser o que eram. Luhmann, finalmente, propõe o conceito de uma "superteoria". A de uma teoria que tem ocorrência nela mesma. Longe de todo o essencialismo, ela representa a injunção de uma ciência radicalmente construtivista, cujos objetos são as distinções e as diferentes diretrizes onde elas fazem aparecer os objetos do mundo. Estas diferentes diretrizes não são a obra de um sujeito, nem de

---

[10] Empírico ou analítico.

uma intersubjetividade transcendentais. São as articulações de uma comunicação social que, por suas médias e seus códigos, formam o universo onde se situam as comunicações individuais e que assim as precedem. A construção de tais objetos e a compreensão de sua circularidade paradoxal, exigem uma extrema ampliação da base informativa e da multiplicação de pontos de vista de observação. Diz-se que ela está atrelada a um apanhado de observações científicas de uma variedade de domínios.

A obra de Luhmann surpreende porque ela representa a aceitação de uma aposta que teria desesperado mais do que um trabalhador do espírito. Ele continua alemão, pela radicalidade de sua interrogação e pela enormidade de seu projeto. A Alemanha, neste caso, não se engana quando celebra o seu autor como um destes sábios fora das normas as quais ela secularmente fecunda. A empresa luhmanniana lembra aquela de Hegel, por sua abertura a todos os saberes e pela segurança de podê-los refletir em uma teoria de grande reflexividade. Ela é uma das obras mais apaixonantes deste fim de século.

Principais livros de Niklas Luhmann

JEAN CLAM
GERMANO SCHWARTZ

Edições em Alemão

Archimedes und wir: Interviews. Frankfurt: Merve, 2008.

Aufsätze und Reden. Frankfurt: Reclam; Philipp; Gmbh, 2001.

Ausdifferenzierung des Rechts. Beiträge zur Rechtssoziologie und Rechtstheorie. Frankfurt: Suhr-kampf, 1981.

Beobachtungen der Moderne. Frankfurt: VS Verlag für Sozialwissenschaften; Auflage: 1. Auflage, 1992.

Das Erziehungssystem der Gesellschaft. Frankfurt: Suhrkamp, 2002.

Das Recht der Gesselschaft. Frankfurt: Suhrkampf, 1995.

Die Gesselschaft der Gesellschaft. Frankfurt: Suhrkampf, 1998.

Die Kunst der Gesselschaft. Frankfurt: Suhrkampf, 1997.

Die neuzeitlichen Wissenschaften und die Phämenologie. Frankfurt: Picus, 1996.

Die Politik der Gesellschaft. Frankfurt: Suhrkamp, 2002.

Die Realität der Massenmedien. Frankfurt: VS Verlag für Sozialwissenschaften; Auflage: 4. Aufl. 2010.

Die Religion der Gesellschaft. Frankfurt: Suhrkamp, 2000.

Die soziologische Beobachtung des Rechts. Frankfurt: Luchterhand Verlag GmbH, 1986.

Die Wirtschaft der Gesellschaft. Frankfurt: Suhrkamp, 1988.

Die Wissenschaft der Gesellschaft. Frankfurt: Suhrkampf, 1992.

Einführung in die Systemtheorie. Frankfurt: Carl-Auer; Auflage: 5. Aufl. 2009.

Einführung in die Theorie der Gesellschaft. Frankfurt: Carl-Auer; Auflage: 2., Aufl. 2009.

Funktion der Religion (Theorie). Frankfurt: Suhrkamp, 1977.

Funktionen und Folgen formaler Organisation. Berlin: Duncher & Humblot, 1976.

Gesellschaft. Frankfurt: Suhrkamp; Auflage: 1, 2010.

Gesellschaftsstruktur und Semantik 1. Studien zur Wissenssoziologie der modernen

Grundrechte als Institution. Berlin: Duncher & Humblot, 1965.

Kreativitat, ein verbrauchter Begriff? Fink: Wilhelm, 1988.

Legitimation durch Verfahren. Frankfurt: Suhrkamp, 1969.

Liebe als Passion: Zur Codierung von Intimität. Frankfurt: Suhrkampf, 1982.

Macht. Stuttgart: Enke, 1975.

Okologische Kommunikation: Kann die moderne Gesellschaft sich auf okologische Gefahrdungen einstellen? Frankfurt: VS Verlag für Sozialwissenschaften; Auflage: 5. Aufl. 2008.

Organisation und Entscheidung. Frankfurt: VS Verlag für Sozialwissenschaften; Auflage: 2.Aufl. 2006.

Paradigm Lost. Die ethische Reflexion der Moral. Stuttgart: F. Enke, 1988.

Personal im offentlichen Dienst: Eintritt u. Karrieren: Personaluntersuchung. Baden-Baden: Nomos-Verl.-Ges., 1973.

Politische Planung: Aufsätze zur Soziologie von Politik und Verwaltung. Frankfurt: VS Verlag für Sozialwissenschaften; Auflage: 5. Auflage, 2007.

Politische Theorie im Wohlfahrtsstaat. Munchen: Olzog; Auflage: Neuauflage, 2011.

Protest System Theorie Und Soziable Bewegungen. Frankfurt: Suhrkamp, 1997.

Recht und Automation in der öffentlichen Verwaltung. Berlin: Duncher & Humblot, 1966.

Rechtssoziologie. Reinbeck: Rowohlt, 1983.

Rechtssystem und Rechtsdogmatik. Stuttgart-Berlin-Köln-Mainz: Kohlhammer, 1974.

Reden und Schweigen. Frankfurt: Suhrkamp, 1989.

Reflexionsprobleme im Erziehungssystem. Frankfurt: Suhrkamp, 1999.

Schriften zu Kunst und Literatur. Frankfurt: Suhrkamp; Auflage: Originalausgabe, 2008.

Schriften zur Pädagogik. Frankfurt: Suhrkamp, 2004.

Soziale Systeme: Grundriß einer allgemeinen Theorie. Frankfurt: suhrkamp, 1987.

Soziologie des Risikos. Belim- New York: De Gruyer, 1991.

Theorie der Gesselschaft oder Sozialtechnologie – Was leistet die Systemforschung? (com Jürgen Habermas). Frankfurt: Suhrkampf, 1975.

Theorie der Verwaltungswissenschaft. Köln – Berlin. 1966.

Unbeobachtbare Welt: Uber Kunst und Architektur. Frankfurt: C. Haux, 1990.

Vertrauen: Ein Mechanismus der Reduktion sozialer Komplexität. Stuttgart: UTB, 2000.

Zweckbegriff und Systemrationalität. Über die Funktion von Zwecken in sozialen Systemen. Frankfurt: Suhrkampf, 1977.

Edições em Português

A Improbabilidade da Comunicação. Lisboa: Editora Vêga.

Introdução à Teoria dos Sistemas. Porto Alegre: Vozes, 2009.

Legitimação pelo Procedimento. Brasília: Editora UnB, 1980.

O Amor Como Paixão. Lisboa: difel,1982.

Poder. Brasília: UnB, 1985.

Sociologia do Direito I. Rio de Janeiro: Tempo Brasileiro, 1983.

Sociologia do Direito II. Rio de Janeiro: Tempo Brasileiro, 1985.

Edições em Italiano

Amore come Passione: la codificazione dell'intimità. Roma-Bari: Laterza, 1985.

Come è Possibile l'ordine Sociale. Roma: Laterza, 1985.

Comunicazione Ecologica. Milano: Franco Angeli, 1985.

Conoscenza come costruzione. Roma: Armando Editore, 2008.

Donne/Uomini. Paris-Lecce- Pérgula Monsavium,1992.

I Diritti Fondamentali come Istituzione. Bari: Dedalo, 2002.

Il Paradigma Perduto. Roma:Meltemi, 2005.

Il Sistema Educativo: problemi di reflessività. Roma: Armando, 1988.

Iluminismo Sociologico. Milano: Saggiatore, 1983.

La Differenziazione del Diritto: contributti alla sociologia e alla teoria del diritto. Bologna: Il Mulino, 1990.

La fiducia. Bologna: Il Mulino, 2002.

La Realità dei Mass Media. Milano: Franco Angeli, 2000.

Organizzazione e decisione. Milan: Mondadori *Bruno, 2005*

Osservazioni sul moderno. Roma: Armando Editore, 2006.

Potere e Codice Político. Milano: Feltrinelli, 1982.

Potere e complessità sociale. Milano: Il Saggiatore Tascabili, 2010.

Procedimenti Giuridici e Legittimazione sociale. Milano: Giuffrè, 1995.

Sistema Giuridico e Dogmatica Giuridica. Bologna: Mulino, 1978.

Sistemi Sociali. Fondamenti di una Teoria Generale. Bologna: Mulino, 1990.

Sociologia del Diritto. Roma-Bari: Laterza, 1977.

Sociologia del rischio. Milan: Mondadori Bruno, 1996.

Stato di Diritto e Sistema Sociale. Napoli: Guida, 1978.

Struttura Delle Societa e Semantica. Roma: Laterza, 1983

Teoria della Società (com Raffaelle de Giorgi). Milano: Franco Angeli, 2000.

Teoria della Società o Tecnologia Sociale (com Jürgen Habermas). Milano: Etas Kompass, 1973.

Teoria Política nello Stato di Benessere. Milano: FrancoAngeli, 1983.

Edições em Espanhol

¿Cómo es posible el orden social? México: Herder, 2011.

Complejidad y Modernidad. Trotta, 2005.

Confianza. México: Anthropos, 2005.

El Amor como Pasión. Barcelona: Península, 1985.

El arte de la sociedad. México D.F: Fondo de Cultura Económica, 2005.

El Derecho De La Sociedad. México: Herder, 2005.

Fin y Racionalidad en los sistemas. Madrid: Editora Nacional, 1983.

Ilustración Sociológica y otros ensayos. Buenos Aires: S.U.R., 1973.

Introducción a la Teoría de Sistemas. Barcelona: Anthropos; México DF: Universidad Iberoamericana; Guadalajara: ITESO, 1996.

La Ciencia de la Sociedad. México: Anthropos Editorial; México: Universidad Iberoamericana. 1996.

La realidad de los Medios de Masas. Barcelona: Anthropos Editorial, 2000.

La sociedad como sistema de comunicación. Buenos Aires. Argentina: Biblos, 2012.

La sociedad de la sociedad. México: Herder/UIA, 2007.

Los derechos fundamentales como institución. México D.F: Universidad Iberoamericana, 2010.

Observaciones De La Modernidad: Racionalidad y Contingencia En La Sociedad Moderna. Barcelona: Paidos Iberica, 1996.

Observando sistemas. Santiago de Chile. Chile: RIL Editores, 2006.

Organización y Decisión. Autopoiesis, Acción y Entendimiento Comunicativo. Barcelona: Anthropos; México: Universidad Iberoamericana; Santiago de Chile: Instituto de Sociología. Pontifícia Universidad Católica de Chile, 1997.

Razon, etica y politica. Barcelona. España: Anthropos, 1989.

Sistema Jurídico y Dogmática Jurídica. Madrid: Centro de Estudios Constitucionales, 1983.

Sistemas Sociales: lineamientos para una teoría general. México: Anthropos, Universidad Iberoamericana; Santafé de Bogotá: CEJA, Pontificia Universidad Javeriana, 1998.

Sociedad y sistema: la ambición de la teoría. Barcelona: Ediciones Paidós, 1990.
Sociología de la religión. México: Herder, 2009.
Sociología del Riesgo. México: Iberoamericana/U. Guadalajara, 1992.
Teoría de la Sociedad y Pedagogia. Barcelona-Buenos Aires: Paidós, 1996.
Teoria Política en el Estado de Bienestar. Madrid: Alianza Universidad, 1997.

Edições em Francês

Amour comme Passion. Paris: Aubier Montaigne, 1992.
La confiance: Un mécanisme de réduction de la complexité sociale. Paris: Economica, 2006.
La Legitimation par la Procedure. Paris: Les Éditions du CERF, 1999.
La réalité des médias de masse. Paris: Diaphanes Editions, 2013.
Le Pouvoir. Québec: PU Laval, 2010.
Politique et Complexité: les contributions de la théorie générale des systèmes. Paris: Les Éditions du CERF, 1999.
Politique et complexité. Paris: Cerf, 1999.
Systèmes sociaux: Esquisse d'une théorie générale. Québec: PU Laval , 2011.

Edições em Inglês

A Sociological Theory of Law. London: Routledge, 1985.
A Systems Theory of Religion. Stanford: Stanford University Press, 2013.
Art as a Social System. Stanford: Stanford University Press, 2000.
Ecological Communication. Chicago: University of Chicago Press, 1989.
Essays on Self-Reference. New York: Columbia University Press, 1990.
Introduction to Systems Theory. Cambridge: Polity; 1 edition, 2012.
Law as a Social System. Oxford: Oxford University Press, USA; 1st Published in Pbk, 2008.
Love as Passion: The Codification of Intimacy. Stanford: Stanford University Press; 1 edition, 1998.
Love: A Sketch. Cambridge: Polity; 1 edition, 2010.
Observations on Modernity. Stanford: Stanford University Press,1998.
Political Theory in the Welfare State. Berlin: de Gruyter, 1990.
Religious Dogmatics and the Evolution of Societies. New York/Toronto: Edwin Melles Press, 1984.
Risk: A Sociological Theory. New Brunswick: Aldine Transaction, 2005.
Social Systems. Stanford: Stanford University Press; 1 edition, 1996.
The Differentiation of Society. New York: Columbia U.P., 1982.
The Reality of the Mass Media. Stanford: Stanford University Press; 1 edition, 2000.
Theories of Distinction: redescribing the descriptions of modernity (cultural memory in the present). Stanford: Stanford University Press, 2002.
Theories of Distinction: Redescribing the Descriptions of Modernity. Stanford: Stanford University Press; 1 edition, 2002.
Theory of Society, Volume 1. Stanford: Stanford University Press, 2012.
Trust and Power. Chichester: Wiley, 1979.

Edições em Japonês

Vertrauen: Ein Mechanismus der Reduktion sozialer Komplexität. Shinrai: shakaiteki na fukuzatsusei no shukugen mekanizumu [Japanese Edition].
Paradigmawechsel in Der Systemtheorie (3036-43035-0736) [Japanes Edition].

Edições em Chinês

Religious Teachings and Social Evolution (Chinese Edition) (Jan 1, 2000).
Social Economic (Chinese Edition) (Jan 1, 2000).

Edições em Sérvio

Teorija Sistema Svrhovitost i racionalnost. Plato, 1998.